D1457587

La casa embrujada

Una pesadilla en la familia

Ed y Lorraine Warren
con Robert Curran, Jack y Janet Smurl

La casa embrujada

Una pesadilla en la familia

EDICIONES OBELISCO

Si este libro le ha interesado y desea que le mantengamos informado
de nuestras publicaciones, escríbanos indicándonos qué temas son de su interés
(Astrología, Autoayuda, Ciencias Ocultas, Artes Marciales, Naturismo,
Espiritualidad, Tradición…) y gustosamente le complaceremos.

Puede consultar nuestro catálogo en www.edicionesobelisco.com

Colección Estudios y Documentos
La casa embrujada
Ed y Lorraine Warren

1.ª edición: febrero de 2020

Título original: *The Haunted*

Traducción: *Daniel Aldea*
Corrección: *Sara Moreno*
Diseño de cubierta: *Enrique Iborra*
Prólogo: *Nekane Flisflisher*

© 1988, Ed y Lorraine Warren con Robert Curran, Jack y Janet Smurl
Edición publicada por acuerdo con Graymalkin Media Publishers, USA
(Reservados todos los derechos)
© 2020, Ediciones Obelisco, S. L.
(Reservados los derechos para la presente edición)

Edita: Ediciones Obelisco, S. L.
Collita, 23-25. Pol. Ind. Molí de la Bastida
08191 Rubí - Barcelona - España
Tel. 93 309 85 25 - Fax 93 309 85 23
E-mail: info@edicionesobelisco.com

ISBN: 978-84-9111-551-9
Depósito Legal: B-234-2020

Impreso en España en los talleres gráficos de Romanyà/Valls S. A.
Verdaguer, 1 - 08786 Capellades (Barcelona)

Printed in Spain

Un especial agradecimiento y todo nuestro reconocimiento a
Ed Gorman por su trabajo en este libro.

PRÓLOGO

PESADILLAS INFANTILES

Ed y Lorraine Warren llegaron a mi vida en el momento preciso. Hoy en día soy conocida como divulgadora de misterio y una gran amante y defensora de la existencia del mundo paranormal, sin embargo, esto no siempre fue así. Antes era una persona completamente distinta. Si hace algunos años me hubieses preguntado si creía en la existencia de un «más allá», hubiese sonreído y me habría limitado a responderte con un «No creo que los gusanos que vayan a devorar mi cuerpo tengan la capacidad de transportar mi alma al Paraíso». Y cuando alguien me preguntaba si creía o no en la existencia de un Dios, yo casi siempre respondía con la siguiente frase: «Cuando baje del cielo y se presente ante mí, empezaré a creer en él, no antes».

Siempre buscaba la forma de enfrentarme a todo el que portase una cruz colgada del cuello. Incluso me encantaba discutir con mi abuela materna con respecto a la existencia de ese «Dios bondadoso y todopoderoso» al que ella tanto amaba y respetaba. Pero tras mis hirientes palabras se escondía un terrible miedo. El miedo a estar loca.

Desde mi más tierna infancia experimenté situaciones que no tenían explicación alguna si trataba de abordarlas desde la razón. Al parecer, con tan sólo tres años, les decía a mis padres que el piso en el que vivíamos ya tenía otros inquilinos; un matrimonio de ancianos. Mi padre, escéptico, decía que aquello no eran más que juegos infantiles, pero mi madre aseguraba todo lo contrario. Ella provenía de una familia donde ver y sentir cosas «extrañas» era muy común y, al parecer, yo podría poseer ese mismo don.

Las sombras se arremolinaban a mi alrededor y en mi mente se convertían en personas, algunas translúcidas y otras de carne y hueso que, con voz propia, me decían cosas que yo no alcanzaba a comprender. «Está loca», decía mi padre. «Está más cuerda que tú y yo juntos», replicaba mi madre. Y así fue como decidí crecer instalada en un falso y férreo escepticismo que me hacía sentir (más o menos, a ratos) protegida.

Por las noches me quedaba dormida mirando hacia la puerta. Tenía un miedo atroz de que se cerrase y la oscuridad gobernase mi habitación porque sabía que, si eso llegaba a ocurrir, algo me acompañaría hasta la salida del sol; un susurro, una presencia, un frío inexplicable que se desplazaría de un lado a otro… Sabía que, si le contaba eso a mi madre o a mi abuela, ellas me iban a entender, porque aseguraban que lo que me ocurría era «normal», pero los niños del colegio, los profesores y mi padre no pensaban como ellas. Todos decían que yo estaba loca, así que me agarré al escepticismo como quien se agarra a un clavo ardiendo.

Decía no creer en Dios, pero cuando me sentía desesperada, le pedía prestada una cruz a mi abuela y me la colgaba del cuello antes de apagar la luz de mi cuarto. Decía no creer en el más allá, pero cuando tenía que atravesar el pasillo de mi casa a oscuras, lo hacía corriendo, mirando al suelo, tapándome los oídos y apretando los dientes.

Fue entonces cuando mi vida dio un giro completo. Y es que, al poco de cumplir los dieciocho años, una serie de catastróficas desdichas me empujaron lentamente a caer en la depresión, y con ésta, los eventos inexplicables que llevaba experimentando toda mi vida se tornaron aún más oscuros. Fue realmente como si mi debilidad ya no atrajera a entidades curiosas, sino a otras cuyas intenciones fueran absolutamente maliciosas. Cuando la oscuridad reinaba en casa hacían acto de presencia pasos incorpóreos, risas infantiles, fríos inexplicables, intensos hedores e incluso la presencia de un perro de grandes proporciones que, escondido bajo mi cama, empujaba el colchón hacia arriba con la intención de hacerme caer. La puerta de mi habitación, pese a estar sujetada por contrapesos, cada mañana amanecía cerrada. Y, además, por más alta que estuviera la calefacción, mi pequeño escondite siempre se mantenía a una temperatura inferior a la del resto de la casa.

Fueron muchos los eventos que llegué a experimentar aquel año, sin embargo, lo importante de éstos no fue el terror, la angustia o la incertidumbre que llegué a sentir, sino el hecho de que me acabaron empujando a creer. Aquellas experiencias me hicieron ver con mis propios ojos que lo que mi madre y mi abuela decían era completamente cierto. Que realmente había un más allá que se enredaba de un modo indescriptible con el mundo de los vivos y que, en determinadas circunstancias, nuestras peores pesadillas pueden hacerse realidad.

Fue entonces cuando comencé a buscar en bibliotecas información acerca de otras personas que hubieran experimentado eventos similares a aquéllos. Leí sobre exorcismos, demonología, *poltergeist,* dones espirituales, personas que decían haber vuelto de entre los muertos… Pero todo aquello eran palabras vacías para mí. No era capaz de asimilar ninguno de los conceptos porque ninguno realmente me hacía sentir «identificada». Nadie se atrevía a hablar en primera persona sobre sus experiencias, y cuando lo hacían en televisión era bajo un seudónimo, con la cara difuminada y la voz distorsionada.

Fue entonces cuando, a finales del año 2012, leí un artículo en Internet que hablaba de que al año siguiente se estrenaría una película con la etiqueta de «basada en hechos reales». Dicha película hablaba con todo lujo de detalles sobre uno de los casos investigados por un matrimonio de demonólogos de origen estadounidense: Ed y Lorraine Warren. Como cabría esperar, sentí interés por aquella peculiar pareja casi al instante y centré mis búsquedas en ellos durante varias semanas.

Descubrí que Ed fue el primer demonólogo laico reconocido por la Iglesia tradicionalista católica en Estados Unidos y que Lorraine poseía un extraño don que la hacía capaz de contactar con el más allá. Amé su historia desde la primera línea. Amé la increíble conexión que tenían el uno con el otro, pero, sobre todo, amé su franqueza.

Ed y Lorraine daban sentido a todo cuanto había leído hasta aquel momento, porque siempre, y pese a que ellos eran profundamente católicos, analizaban todo partiendo de una base escéptica. Y es que el propio Ed decía que la mayor parte de los eventos paranormales eran fruto de la sugestión. Sin embargo, cuando algo mostraba claros signos de ser paranormal debía ser tomado con seriedad y cautela, pues «nunca sabes cómo se terminarán desarrollando los eventos».

Lo que más me cautivó de esta pareja fue descubrir que jamás ganaron un solo centavo por investigar sucesos inexplicables. Aquello, bajo mi punto de vista, daba a entender que realmente realizaban dicha labor por amor a la verdad y no con la intención de generar polémicas o debates interminables en los medios de comunicación. Supongo que fue por ello por lo que los acabé convirtiendo en mi referente.

Recuerdo que, cuando se estrenó la película *Expediente Warren*, compré una entrada, me senté en la parte posterior de la sala y me pasé toda la proyección pegada a mi asiento y mirando la pantalla sin apenas pestañear. Su convicción, su entereza… Toda su historia me cautivó, y aunque Hollywood tiende a exagerar las cosas, la esencia de todo lo que había leído sobre ellos estaba plasmada en la gran pantalla.

En cuanto llegué a casa busqué como loca en Internet toda la información disponible sobre el caso de la familia Perron y, para mi sorpresa, encontré el nombre de muchos más: Annabelle, Arne Cheyenne Johnson, la familia Snedeker y, mi favorito, Amityville. Sin embargo, entre todos ellos, el que quizás me ayudó a comprender lo que me había estado ocurriendo más recientemente fue el caso de la familia Smurl.

Y es que dicho caso mostraba que, con hacer sencillos cambios en nuestras vidas, todo nuestro mundo puede convertirse en un infierno. Y que nuestras debilidades son el arma más poderosa en manos de entidades oscuras.

La familia Smurl era una como cualquier otra. Sus miembros eran personas trabajadoras y honradas cuya fe católica daba sentido a sus vidas y las alejaba de los llamados «pecados mortales». Lamentablemente, a mediados de los setenta, todo su mundo se vino abajo. Y es que el terrible huracán Agnes asoló su hogar y les arrebató todo cuanto poseían. A partir de ahí, Jack Smurl, sus padres, su esposa Janet y sus dos hijas recogieron las pocas cosas que pudieron salvar y emprendieron rumbo hacia su nuevo hogar. Un hogar que prometía un nuevo comienzo, pero no sería tan idílico como imaginaban.

Esta historia no se parecía en nada a la mostrada en la película que vi en el cine, ya que los miembros de la familia Smurl no sintieron el acoso espectral nada más atravesar el lindar de su nueva residencia. No vieron sombras, no escucharon puertas cerrarse por vientos inexistentes ni tampoco escucharon susurros durante la primera noche allí. Ellos pudieron vivir en paz en aquella casa por al menos dos años.

Pero entonces, algo tan común como unas simples reformas desató las fuerzas del más allá. De forma gradual, comenzaron a experimentar eventos que no parecían tener explicación; manchas que no desaparecen, sombras, rasguños en lugares poco ortodoxos… y lentamente los eventos se fueron tornando más y más impactantes y agresivos.

Pero lo que Ed y Lorraine Warren me enseñaron a través de esta historia no fue a tenerle miedo al mundo sobrenatural. Ellos, en pocas palabras, me ayudaron a entender que lo que yo había estado haciendo hasta ese momento había sido un error. De nada sirve sostener una cruz entre tus manos implorando ayuda si realmente no crees que esa ayuda vaya a llegar nunca. Y es que, según el matrimonio Warren, sin fe uno no tiene nada. Y tampoco sirve de nada huir de los problemas y hacer como si éstos no fueran reales porque, estés donde estés, te encontrarán y la historia volverá a repetirse.

Para Ed y Lorraine Warren, el modo de enfrentarse a las entidades debía ser con firmeza y fe. Fe en que las cosas van a mejorar y en que tú eres el dueño de tu vida, ya que de lo contrario, el más allá acabará dominando tu mundo presente y destruyendo la humanidad de tu corazón.

NEKANE FLISFLISHER

Nota del autor

El libro que estás a punto de leer ha sido posible gracias a los testimonios de los ocho residentes del 328-330 de la calle Chase, así como a los de otras veintiocho personas que vivieron fenómenos sobrenaturales relacionados con la familia Smurl.

Algunas de las personas que aparecen en el libro lo hacen con seudónimo para proteger así su privacidad; otras nos han permitido utilizar su nombre auténtico.

Uno de los personajes, Donald Bennett, es una construcción basada en tres personas distintas que han colaborado a lo largo del tiempo con Ed y Lorraine Warren. El papel de este personaje ficticio, sin embargo, no guarda relación alguna con los acontecimientos sobrenaturales que tuvieron lugar en la calle Chase.

Nos hemos tomado algunas pequeñas libertades con la cronología de los sucesos; además, algunas escenas y diálogos han sido recreados para dotarlos de un mayor dramatismo. A pesar de esto, todos los acontecimientos descritos guardan una estricta correspondencia con los hechos relatados por los testigos.

Quiero expresar mi más profundo agradecimiento a todas las personas que me permitieron grabar las entrevistas y que me ayudaron a entender tanto el calvario vivido por la familia Smurl como el misterioso reino de lo paranormal.

Entre estas personas hay familiares, amigos, vecinos y conocidos de la familia Smurl, así como muchas otras personas que me facilitaron información importante. Especialmente valiosa fue la aportación de diversos sacerdotes católicos y otros clérigos y rabinos.

También quiero extender mi agradecimiento a Mike McLane, mi colega de redacción en el *Tribune Scrantonian;* al fotógrafo Bob Ventre y a su ayudante, Tina Sandone; a Bill Hastie, conservador asistente de la Sociedad Histórica y Geológica de Wyoming, en Wilkes-Barre, y por último, pero no por ello menos importante, a mi esposa Mónica por su inestimable ayuda en numerosos aspectos de este libro.

—ROBERT CURRAN

Introducción

ESTE LIBRO PERTURBARÁ a mucha gente. Al ofrecer pruebas objetivas del inframundo demoníaco, algunos lectores tendrán pesadillas y otros descubrirán que ellos mismos pueden estar siendo víctimas del mundo de las tinieblas.

La casa embrujada es la historia de una familia de Pensilvania compuesta por Janet y Jack Smurl y sus cuatro hijas. Desde hace casi tres años su casa está infestada de demonios o, como algunos prefieren decir, «embrujada».

De esto no cabe ninguna duda. Diversas personas, desde vecinos a periodistas, han sido testigos de primera mano, tanto oculares como auditivos, de la infestación.

¿Por qué un demonio decidió acosar la vida de los Smurl, una familia religiosa, trabajadora y sincera?

Ojalá hubiera una respuesta sencilla a esta pregunta. Más aún, ojalá todos mis esfuerzos por exorcizar al demonio hubieran tenido éxito. Sin embargo, pese a haber dicho misa en la casa y haber llevado a cabo tres rituales de exorcismo, el demonio siempre ha acabado regresando.

Siempre.

Me mantengo informado de la situación de los Smurl a través de mis amigos Ed y Lorraine Warren, quienes no sólo me presentaron a los Smurl, sino que también me introdujeron en el mundo de las infestaciones demoníacas. Fueron los Warren quienes, respondiendo a la petición de otra pareja cuya casa también estaba infestada, me ayudaron a entender el papel determinante que pueden llegar a tener los sacerdotes en la lucha contra los demonios.

En los dos últimos años he practicado una cincuentena de exorcismos, casi todos ellos a petición de los Warren. No todos se han resuelto favorablemente, como, por ejemplo, el de la familia Smurl.

En *La casa embrujada* se describen muchos de los inimaginables tormentos que Janet y Jack han padecido. Pero también es un ejemplo de lo profunda y firme que puede llegar a ser la fe religiosa para mantener unida a una familia incluso cuando ésta debe enfrentarse a unas terribles circunstancias, a episodios de una gran violencia e incluso a una violación.

Por el momento, lo único que podemos hacer es asistir a los acontecimientos que se describen en este libro y analizarlos a través de la lente de nuestras propias experiencias y de la oración. Todos nosotros, en un momento u otro, debemos enfrentarnos a la evidencia del mundo de las tinieblas, ya que, tal y como la reluciente obra de Dios nos rodea a través de la luz del sol, la belleza de las flores y la alegría en los rostros de los niños, también la obra del ángel oscuro se hace evidente a través de la enfermedad, la locura y en el tipo de tortura traicionera e interminable que han vivido los Smurl.

Sin embargo, por muy macabra que haya sido la tortura, también nos permite encontrar en ella un mensaje esperanzador. Aquellos que no creen en un poder superior no pueden leer *La casa embrujada* con una mentalidad abierta y continuar siendo incrédulos.

—Obispo ROBERT MCKENNA[1]
Monroe, Connecticut
Junio de 1987

---

1. *El obispo McKenna forma parte del grupo de sacerdotes y laicos tradicionalistas de la Iglesia Católica que continúan practicando los antiguos rituales de la misa y los sacramentos anteriores a la reforma del Concilio Vaticano Segundo. Su iglesia está situada en Monroe, Connecticut.*

La historia de una casa extraña

Entre los especialistas de lo oculto se cree que existen dos maneras mediante las cuales una casa puede terminar «infestada» de demonios.

La primera está relacionada con un incidente violento que no sólo «invita» a los espíritus a entrar en la casa, sino que también les permite permanecer en ella inactivos y aparecer cuando lo deseen. Algunos médiums aseguran, por ejemplo, que es muy fácil percibir los ecos de un asesinato en una casa incluso décadas después de que éste se haya cometido.

La segunda forma de infestación es menos habitual debido a su carácter no intencional. El demonio es invitado a través de la práctica de la brujería u otras artes oscuras. Ed y Lorraine Warren, quienes han participado tanto en el caso de Amityville como en la historia que nos ocupa, aseguran que, en una ocasión, una tabla *ouija* utilizada medio en broma provocó que una casa terminara infestada de demonios. Imagina lo que puede ocurrir cuando la persona que invita a los espíritus oscuros lo hace intencionadamente.

El número 328-330 de la calle Chase, en West Pittston (Pensilvania), es un adosado que fue construido en el año 1896. Desde entonces, la casa ha tenido varios propietarios e inquilinos. Los más recientes son John y Mary Smurl, su hijo Jack, la esposa de éste, Janet, y las hijas de estos dos últimos.

Mucho antes de la llegada de los Smurl, sin embargo, ya corrían rumores acerca del adosado. Algunos residentes que prefieren permanecer en el anonimato aseguran que, durante muchos años, han circulado historias sobre el edificio, algunas probablemente ciertas y otras claramente fantásticas. Aunque, según estas personas, a veces incluso se llamó a la policía para que investigara los extraños sucesos, en la comisaría no se ha encontrado el registro de investigación alguna.

Dejando a un lado el espectro de los fenómenos paranormales, West Pittston tiene una larga historia de conflictos. La mayor parte de la ciudad, cuya población ronda los 10.000 habitantes, está ubicada sobre unas minas de antracita que proporcionaron a la zona una relativa prosperidad durante algunas décadas. Pero, desafortunadamente, las minas, que terminaron inundándose de agua, también provocaron el derrumbamiento de numerosas viviendas de la localidad. La profundidad de los socavones varía. La mayoría mide de quince a veinte centímetros, pero una casa llegó a hundirse más de metro y medio.

Los derrumbes provocados por la mina eran tan frecuentes y peligrosos a finales de la década de los años treinta y principios de los cuarenta que tuvieron que cerrarse las escuelas.

Un prelado que ha dedicado muchos años a investigar sucesos ocultos especula con la posibilidad de que los demonios aprovecharan los derrumbes para salir a la superficie desde un terreno hasta entonces cubierto y que en el pasado fue utilizado con fines satánicos. Según él, se encontraron huesos de cerdo bajo una casa excavada; los huesos estaban moldeados con la forma del hexagrama, el símbolo del demonio.

Mientras tanto, en la calle Chase…

Al estudiar la historia del adosado nos topamos con muchos de los temas recurrentes de la historia de EE. UU.: la aparición del teléfono, la electricidad, el automóvil, el transporte aéreo, la radio, la segunda guerra mundial, la vacuna contra la poliomielitis, la guerra de Vietnam, los viajes espaciales…

Paralelamente al desarrollo de todos estos acontecimientos, el adosado de la calle Chase ha sido testigo de diversas generaciones que han nacido y dejado huella en la historia. En una instantánea aparece un Ford modelo T frente a la casa y, en décadas posteriores, un Chevy con estribos, un cupé Mercury de 1951 y, posteriormente, el advenimiento de pequeños utilitarios de fabricación extranjera.

Y durante casi todo este tiempo no han dejado de circular los rumores ni de contarse, o más bien, susurrarse, historias acerca del adosado.

Según una de estas historias, se oían ruidos extraños y perturbadores en la casa incluso cuando no estaba alquilada ni habitada por nadie.

Según otra, los padres no permitían que sus hijos jugaran en las inmediaciones de la casa debido a las cosas indescriptibles que se vislumbraban a través de las cortinas abiertas.

También corrían rumores según los cuales en algún lugar de las proximidades se practicaba la brujería y que los poderes oscuros podían llegar a afectar al barrio entero.

Rumores.

«Era el lugar perfecto para pasar la noche de Halloween –asegura un antiguo residente que prefiere permanecer en el anonimato–. Imagina que eres un niño. Es una noche de luna llena, hay calabazas iluminadas con velas en todas las ventanas y, muy cerca, una casa que es la fuente de todo tipo de historias espeluznantes que se propagan por todo el barrio. Durante la cena has oído cómo tus padres hablaban de ella, aunque ellos sepan tan poco como tú de lo que ocurre realmente en su interior. Sólo que la gente cuenta que se llevaban a cabo ritos satánicos. De modo que en la noche de Halloween… –El hombre se ríe y, pese a los años que han transcurrido, su voz aún transmite cierta ansiedad–. Bueno, lo cierto es que nunca he sabido a ciencia cierta si había algún problema con la casa o no. Lo único que sabía era que, cuando me acercaba a ella, tenía la extraña sensación de que no era una casa como las demás».

Rumores.

Nada que pueda demostrarse ni refutarse.

Y, pese a todo, continuaban circulando.

En 1985, finalmente se confirmaron los rumores.

Mayoría de edad

En la región carbonera de Pensilvania, la aflicción campaba a sus anchas y la justicia brillaba por su ausencia.

Aproximadamente unos 800 kilómetros cuadrados de la superficie del estado contenían uno de los tesoros más valiosos, la antracita, el carbón de más alta calidad porque es el que tiene el mayor porcentaje de carbono fijo y un menor contenido volátil. Además, dispone de un mayor poder calorífico, su combustión es muy lenta y no poluciona el aire con hollín ni humo.

Aunque se forjaron muchísimas fortunas gracias al reluciente carbón negro tan abundante en el área colindante a las localidades de Wilkes-Barre, Scranton, Hazelton y Pottsville, la mayoría de estas fortunas se hicieron sobre las espaldas de los inmigrantes pobres: irlandeses (el grupo más numeroso), polacos, ucranianos, checos e italianos. Por cada nuevo vagón de ferrocarril que albergaba a un extravagante millonario, por cada nueva mansión blanca y reluciente, había cientos de hombres y niños en las profundidades de la tierra arriesgando y, frecuentemente, perdiendo la vida a cambio de un sueldo mísero.

Como consecuencia de ello, la región minera donde se extraía el carbón rápidamente se convirtió en el escenario de violentas huelgas y desórdenes civiles. En varias ocasiones se declaró la ley marcial. Los mineros, cansados de trabajar a cambio de unos cuantos centavos y de ver morir a sus padres e hijos en las peligrosas entrañas de la tierra, decidieron que era mejor arriesgar la vida enfrentándose a las tropas que enviaba el Estado que continuar viviendo en la más absoluta de las miserias.

Con el tiempo, los sueldos aumentaron.

Con el tiempo, se establecieron medidas de seguridad.

Con el tiempo, se reguló el trabajo infantil y se prohibió que los niños (algunos sólo tenían cinco años) trabajaran en las minas.

Con el tiempo…

◆ ◆ ◆

Suele decirse que los inmigrantes que llegaban a EE.UU. durante el siglo XIX llevaban dos cosas consigo al Nuevo Mundo: los bolsillos vacíos y una lealtad casi beligerante hacia la Iglesia Católica, algo que, para su consternación, los señores protestantes de la época no tardaron en descubrir.

Cada grupo étnico tenía su propia iglesia: una para los polacos, otra para los checos y otra más para los irlandeses. Aparte de la creencia en la supremacía del Vaticano, estos grupos nacionales tenían algo más en común: un miedo no expresado pero profundamente arraigado por lo sobrenatural. En sus países de origen era algo de lo que se hablaba abiertamente y con un respeto reverente; en EE.UU., en plena Revolución Industrial y con el férreo dominio de la ciencia sobre todos los aspectos de la vida, ese tipo de creencias te colocaba en lo más bajo del escalafón social y educativo. En la era de la producción en masa, la cirugía y la locomotora de vapor, sólo un necio podía dedicarse a especular sobre la existencia de los fantasmas, los hombres lobo o los vampiros.

Sin embargo, en los confines de sus iglesias, rodeadas de velas votivas de color rojo, azul y verde que proyectaban largas sombras en su interior, ancianas que se cubrían la cabeza con ásperos pañuelos hablaban en susurros de estas cosas y transmitían sus creencias a sus hijos y nietos.

◆ ◆ ◆

Aquellos que crecían en la región carbonera de Pensilvania no tardaban en descubrir que Emerson, hombre de Estado y filósofo, no había exagerado al afirmar que la autosuficiencia es la virtud más importante de todas.

Para empezar, hasta bien entrado el siglo XX, las familias inmigrantes solían tener muchos hijos, lo que significaba que los niños debían aprender muy pronto a trabajar en condiciones muy duras no sólo para ayudar a sus padres, sino también para asegurar su propia supervivencia.

La necesidad empujaba a muchos niños inmigrantes a dejar la escuela en cuarto o quinto curso para trabajar en empleos de jornada completa como, por ejemplo, repartiendo comestibles en los barrios «acomodados» de la ciudad por cinco centavos la hora, hasta que se presentaba la «oportunidad» de trabajar en la mina, como inevitablemente sucedía.

Sin embargo, la vida en los barrios inmigrantes no era tan sombría como algunos periodistas de la época nos quieren hacer creer. Por un lado, los distintos grupos étnicos habían llevado consigo desde el otro lado del océano numerosos rituales y formas de entretenimiento.

En la fiesta de la cosecha podía oírse música de acordeón y el repiqueteo de pies que delataban que la gente estaba bailando. En la víspera del día de Navidad, durante la misa del gallo, sonaban las hermosas voces de un coro de niños cantando en latín acerca del niño Jesús. Y en los meses de verano, a las orillas del río, jóvenes y tímidos amantes paseaban sobre la verde hierba que crecía con la llegada de la estación cálida.

Te enseñaban a respetar a tus mayores, te transmitían el valor del esfuerzo en el trabajo, te contaban que América otorgaba bendiciones que no estaban al alcance de ningún otro país y te convencían del orgullo de morir defendiendo a tu país o tu familia. Éstas eran las normas con las que aprendías a vivir y que llevabas contigo a las minas, y también a las bulliciosas tabernas los viernes por la noche e incluso a tu lecho de muerte, donde, rodeado de tus hijos y nietos, transmitías a las siguientes generaciones las mismas verdades con las que habías vivido durante toda tu vida.

La segunda guerra mundial trajo consigo algunos cambios.

◆ ◆ ◆

Los jóvenes que habían luchado en Europa y el Pacífico por su país regresaron profundamente transformados.

Al principio, los ancianos de las comunidades de inmigrantes consideraron que su nueva actitud era simplemente una reacción al derramamiento de sangre y a los horrores que habían visto durante la guerra.

No obstante, al cabo de unos años se hizo evidente que los hombres que habían participado en la guerra habían empezado a abandonar, aunque de modo sutil, las costumbres de sus padres.

Pese a seguir convencidos de las bondades del esfuerzo en el trabajo, la honestidad, la fe religiosa o la lealtad incondicional a su Gobierno, lentamente empezaban a expresar unos sueños que sus padres, constreñidos por la tradición y el amargo recuerdo de las penurias del trabajo y la depresión, consideraban poco menos que imprudentes.

Muchos de los hombres que habían participado en la guerra se negaron a trabajar en las minas y expresaron el deseo de poseer el tipo de casa colorida y prefabricada que se estaba edificando tanto en Levittown como en otros lugares. Muchos de ellos pretendían que todos y cada uno de sus hijos fueran a la universidad, para que nunca tuvieran que conformarse con las duras condiciones de vida que sus antepasados se habían visto obligados a aceptar.

Los tiempos estaban cambiando, y también lo hacía la mentalidad de toda una generación que pertenecía a la clase trabajadora. Si los propietarios de la tierra, los magnates del petróleo y los políticos profesionales querían seguir manteniendo sus privilegios, no les quedaba más remedio que empezar a pagar por ellos.

El año en que Jack Smurl terminó el bachillerato, las canciones más populares del momento eran «Smoke Gets in Your Eyes», «Mack the Knife» y el inevitable éxito de Elvis Presley, «A Big Hunk o' Love».

El año en que Jack terminó el bachillerato, Dwight David Eisenhower aún era presidente, los Yankees estaban muy bien posicionados para ganar el título y EE. UU. se esforzaba por alcanzar a Rusia en la carrera espacial.

Esto sucedía en el condado de Luzerne, donde el padre de Jack trabajaba como soldador en una empresa metalúrgica y donde su madre trataba de ayudar a Jack a decidir qué quería hacer con su futuro entonces que la graduación estaba a la vuelta de la esquina.

Jack, quien había sido bendecido con un alto coeficiente intelectual, tenía muchas posibilidades de ir a la universidad o bien podía ejercer cualquier tipo de empleo para el que, en aquel tiempo, no se exigía ningún título universitario. Era un chico tranquilo al que se le daban bien los deportes y a quien le gustaba pasear por el campo, especialmente en otoño, cuando la estación teñía las colinas con sus hermosos colores. Aunque Jack había disfrutado de sus años como alumno de la escuela católica de Wilkes-Barre, no tenía intención alguna de continuar estudiando. Su apariencia tranquila ocultaba un alma aventurera. Después de la escuela, a veces pasaba por delante de las oficinas donde las diversas ramas del Ejército llevaban a cabo el reclutamiento. Un día llegó a casa con la noticia de que iba a alistarse en la Marina. Sus padres se sintieron del mismo modo en que suelen hacerlo la mayoría de los padres en una situación similar: felices porque su hijo hubiera encontrado su vocación e inquietos por un mundo demasiado grande y que podía convertirse en un lugar cruel e indiferente para alguien tan joven como su hijo.

Jack Smurl llevó a la Marina la ética que le habían transmitido sus padres en la región carbonera: trabajó duro, obedeció las órdenes, se juntó con los amigos adecuados (evitando a las personas problemáticas y a los quejicas crónicos) y eligió un puesto de servicio que exigía de él no sólo habilidades, sino también un alto grado de sensibilidad. Se convirtió en técnico de neuropsiquiatría y su labor principal consistía en ayudar a los médicos en los tratamientos de electroshock.

Incluso en la actualidad, la terapia de electroshock es un procedimiento controvertido. La terapia electroconvulsiva (TEC) consiste simplemente en la aplicación de una corriente eléctrica en el cerebro humano durante un tiempo muy breve; según los partidarios de esta terapia, de este modo se consigue contrarrestar la depresión del paciente o reducir las tendencias suicidas. Pese al éxito de la TEC, son muchos los psicoterapeutas que consideran que se trata de un procedimiento brutal y que, en realidad, sólo resulta útil para el tratamiento de los efectos a largo plazo de las enfermedades mentales.

Jack fue testigo de los efectos beneficiosos del tratamiento en muchos pacientes, y ésa era una de las razones por las que se enorgullecía de su trabajo. También presenció por primera vez cómo una mente insegura de su propia estabilidad puede llegar a confundir lo que es real de lo que no lo es. Varios años después, cuando su vida dio un giro siniestro, Jack recordaría esta experiencia.

Los años que pasó Jack en la Marina le enseñaron que el mundo está compuesto por personas de distinta índole y que debemos aprender a tolerar distintas formas de vida. También descubrió algo fundamental que llevaba sospechando en secreto desde hacía algún tiempo: le gustaba la región minera de Pensilvania y, a pesar de sus sueños y espíritu viajero, quería regresar a su tierra natal cuando terminara el servicio en la Marina.

Y eso fue lo que hizo.

Regresó al condado de Luzerne y adoptó la vida de un hombre joven con aspiraciones tan normales como tener un buen trabajo, una mujer y una familia que le quisiera y algunos de los lujos que había conocido mientras viajaba por el mundo durante los años en la Marina. Sabía que sólo había una forma de conseguir todas esas cosas: esforzándose.

Se puso manos a la obra.

Mientras Jack estaba en la Marina, una chica llamada Janet Dmohoski asistía al instituto público de Duryea, cerca de West Pittston.

Janet, una chica guapa a quien las gafas grandes y ovaladas le daban cierto aspecto de intelectual, sentía interés por las mismas cosas que les gustaban a la mayoría de sus compañeros. Sin embargo, Janet no se sentía atraída ni por las drogas ni por la promiscuidad propugnadas por el movimiento «*hippie*», una revolución social de gran alcance que en aquellos años empezaba a cobrar forma.

Criada por su madre después de un difícil divorcio, se esperaba de ella, como de la mayoría de las adolescentes de la región, que ayudara en las tareas domésticas (su madre era la directora de asuntos sociales para la tercera edad en una residencia de ancianos) y que llevara los deberes al día a pesar de todas las distracciones que pudiera tener: chicos que la llamaban por teléfono, bailes en casa de sus amigos o películas «románticas» en el cine de la localidad (estamos en la época famosa por las fotografías de inocentes fiestas en la playa, como las de Frankie y Annette).

Además de la música, a Janet le gustaba dar paseos por el campo, tener largas conversaciones con sus amigos sobre las noticias más candentes de la escuela y pensar en las posibilidades que el futuro le deparaba. Ya en el instituto, se planteó distintas carreras a las que podía dedicarse. No obstante, incluso en aquellos años, ya sabía que tener hijos era la mejor de las ocupaciones posibles y que no sólo era una sagrada responsabilidad (como aseguraba la fe católica) sino también un gran privilegio. A Janet le encantaba coger en brazos a los bebés, jugar con ellos y observar cómo abrían sus húmedas boquitas con regocijo cuando les hacía cosquillas o carantoñas.

El año en que Janet se graduó en el instituto Northeast, los tres temas más escuchados eran «Downtown», «You've Lost That Lovin' Feeling» y «This Diamond Ring». Como demostración de que «los tiempos estaban cambiando», una canción llamada «Eve of Destruction», un himno en contra de la guerra de Vietnam, ocupaba el cuarto lugar, por detrás de las mencionadas canciones, mucho más frívolas.

La noche de la fiesta de graduación, Janet lo celebró junto al resto de sus compañeros. Se sentía feliz, mucho más madura y ansiosa por descubrir lo que iba a depararle la vida. Poco después, empezó a trabajar en el departamento de envasado de una empresa local de golosinas.

Aunque Jack trabajaba en la misma empresa, no se conocieron hasta 1967, en una fiesta de Navidad.

Una vida juntos

Para el país, la Navidad de 1967 fue un momento especialmente amargo. Varios funcionarios de la Administración Johnson habían empezado a comprender que la guerra en el sudeste asiático no se podía ganar y la violencia en los campus universitarios no hacía más que empeorar. En palabras de un periodista, durante el discurso navideño el presidente Johnson tenía el aspecto de «un hombre atormentado por sus propios pecados».

A Jack Smurl, sin embargo, nunca le habían ido mejor las cosas. Tenía esperanzas fundadas de conseguir un ascenso y un aumento de sueldo en la empresa de golosinas en la que trabajaba. Tenía buena salud y una constitución fuerte y esbelta, no muy distinta a la de la estrella de cine a la que, según algunos, se parecía: Charles Bronson. Tenía muchos amigos y le gustaba practicar todo tipo de deportes y salir de vez en cuando a beber unas cervezas con sus compañeros de trabajo.

Sólo había una cosa que le inquietaba: a sus veintisiete años todavía no estaba casado. En la zona del país en la que vivía, los hombres solían casarse y formar una familia a los veintipocos. Aunque había conocido a unas cuantas mujeres que le habían causado una buena impresión como futuras esposas, todavía no había encontrado a una con la que quisiera establecer un vínculo de por vida.

29

Las Navidades de aquel año las dedicó a comprar regalos para sus padres y su hermana, asistir a fiestas y prepararse para la invasión de familiares con los que siempre pasaba las fiestas.

También era la época de la tradicional fiesta de Navidad de la empresa, y allí fue donde conoció a la mujer con la que se casaría un año después: Janet Dmohoski.

—Creo que lo supe inmediatamente –recuerda Janet–. Me gustó mucho el modo en que se comportaba y el respeto que demostraba no sólo por mí, sino también por todas las cosas que considero importantes. Tenía un gran sentido del humor, pero nunca era cruel ni obsceno, como sí lo eran otros hombres.

—Lo más curioso –comenta Jack– era que, pese a llevar algún tiempo trabajando en la misma empresa, aún no nos conocíamos. Algunos amigos mutuos insistían en que fuera a la fiesta de la empresa de aquel año, y menos mal que les hice caso, porque si no hubiera ido, no habría conocido a Janet.

Janet: «Teníamos unas creencias muy similares. Los dos éramos católicos. Creíamos en la ética del trabajo. No estábamos de acuerdo con mucha gente de nuestra misma edad que tomaba drogas y participaba en protestas. Los dos queríamos formar una familia y asegurarnos de darles a nuestros hijos una buena educación».

Aquel invierno empezaron a cortejarse. Fueron unos meses en los que el hielo esmaltaba los árboles con un fuego de plata bajo el sol de la tarde, los muñecos de nieve de redondeadas panzas y narices de zanahoria saludaban desde las suaves y ondulantes colinas y en los que el frío adormecía las mejillas y los dedos.

Janet: «Nuestro noviazgo fue como tenía que ser. Lo suficientemente rápido pero no demasiado. Nos tomamos el tiempo suficiente para conocernos y para descubrir nuestros gustos y fobias. Creo que por eso nuestro matrimonio ha sido tan sólido. Aprovechamos nuestro noviazgo para limar las pocas pero importantes diferencias que se interponían entre nosotros –Janet se ríe–. Y mientras tanto, nos lo pasamos en grande.

Durante su noviazgo fueron al cine, a bailar, acudieron a fiestas, pero también a reuniones con grupos que se dedicaban a ayudar a la comunidad. Más tarde, Jack se convirtió en un miembro muy activo del Club de los Leones de la localidad, mientras que Janet hacía lo propio en el Club de las Leonas.

Los árboles echaron brotes; la hierba reverdeció. Durante la primavera, en la región minera de Pensilvania, las colinas se convierten en un despliegue de follaje y roca; el suelo es uno de los más ricos de la parte oriental del país, con recursos que van desde la piedra caliza a la pizarra. Abundan las zonas de pícnic y acampada, y Jack y Janet descubrieron que compartían otro interés: la naturaleza. Si el estado de Pensilvania obtuvo casi 3000 millones de dólares anuales en antracita y otros minerales durante la década de los setenta, no es menos cierto que también produjo 1,3 millones de metros cúbicos de madera aserrada. Los ríos, los lagos y las onduladas colinas dan una gran belleza al paisaje, y las variedades arbóreas como el abeto, el pino blanco, el abedul, el nogal americano y el nogal negro la convierten en una región única.

En los bosques, las zonas de acampada y las orillas de los ríos que Janet y Jack se dedicaron a recorrer también había una abundante vida animal. La pareja disfrutó del portentoso espectáculo de los osos negros y la elegancia del ciervo de cola blanca. Los amantes de la pesca tenían a su disposición arroyos con abundancia de siluros, lubinas y truchas. ¿Qué más se podía pedir?

Al llegar el otoño, las colinas ardían con la paradójica belleza de un campo que estaba a punto de perder su frondosidad. Hubo bailes de la cosecha que celebraban antiguas leyendas y mitos llevados desde el otro lado del Atlántico, y los planes de boda se intensificaron tras anunciar la noticia y ser aprobada oficialmente por ambas familias.

Aunque ambos sentían aún la maravillosa sensación que siempre acompaña al amor recién descubierto, también empezaron a notar cómo el afecto mutuo se consolidaba y daba paso a una sólida confianza y amistad. Tanto amigos como familiares se sentían muy felices por la pareja, y lo expresaron brindándoles exuberantes recepciones, cenas y fiestas.

Como los dos eran católicos, un párroco local se encargó de impartirles los cursos matrimoniales mientras la pareja esperaba el día con el que llevaban soñando desde hacía casi un año.

Noviembre trajo las primeras nieves y el cielo se cubrió de oscuras nubes otoñales. Pero ni siquiera eso pudo apagar la luz que ardía ininterrumpidamente en el interior de la pareja.

Y, por fin, la Navidad, cuyo verdadero significado es el nacimiento del niño Jesús en un destartalado establo hace más de 2000 años, un significado que no todo el mundo tenía muy presente el 28 de diciembre de 1968, el día de su boda.

Jack: «Como católico, creo que el matrimonio es un sacramento, una experiencia sagrada en el sentido literal de la palabra. Así es como siempre lo hemos considerado».

Fue realmente conmovedor ver a toda aquella gente que se ganaba la vida con el sudor de su frente engalanada con coloridos vestidos y esmóquines, los hombres con flores rojas o blancas en las solapas y las mujeres con brazaletes de gardenias o rosas. Allá donde miraras, reconocías la continuidad de la que tanto se enorgullecía la región carbonera; los niños, es decir, la siguiente generación, bailoteaban al ritmo de la música al lado de sus abuelos y corrían de un lado a otro de la sala. La luz invernal que entraba por las ventanas languideció, cayó la noche y la música mudó su ritmo estridente por uno mucho más romántico. Los maridos se refugiaron en los brazos de sus mujeres y renovaron su amor al ritmo de canciones como «Harbour Lights», «Tennessee Waltz» y «The Christmas Song».

Al pasear la mirada por la sala aquella noche era imposible no reparar en la presencia de una pareja muy especial que era el centro de atención al menos por aquel día. Jack y Janet Smurl ya eran marido y mujer.

Un traslado problemático

Los primeros años de matrimonio fueron especialmente agradables para Jack y Janet Smurl. Nacieron sus dos primeras hijas, Dawn y Kim, Janet dejó el trabajo para dedicarse a las tareas domésticas a tiempo completo y Jack progresó profesionalmente, tanto por lo que se refiere al sueldo como al prestigio, en la empresa donde trabajaba. Vivían con los padres de Jack, John y Mary Smurl, en la casa que éstos tenían en Wilkes-Barre.

Sin embargo, en 1972, el huracán Agnes barrió el noreste de Pensilvania y la casa donde vivían las dos familias quedó inundada bajo tres metros y medio de agua. Aunque John y Mary hicieron reformas en la casa, la oficina local de reurbanización terminó por expropiarla y les obligó a mudarse a otro lugar.

A raíz de ello, en otoño de 1973, John y Mary decidieron comprar un adosado en el número 328-330 de la calle Chase, en West Pittston, una ciudad próxima de 10.000 habitantes, por 18.000 dólares. La calle Chase es estrecha, discurre perpendicularmente a la avenida Wyoming y está situada a unas cuantas manzanas del único centro comercial de la ciudad: Insalaco. En el lado norte de la calle hay varios adosado más antiguos, mientras que el otro lado está dominado por viviendas unifamiliares de más reciente construcción. Se trata del típico barrio de clase trabajadora: limpio, ordenado y, durante las festividades nacionales, lleno de banderas americanas ondeando al viento.

Cuando John y Mary Smurl compraron la casa no sabían mucho de los anteriores inquilinos, sólo que la parte que correspondía al número 328 era propiedad de un hombre mayor y que estaba desocupada desde hacía algunos años y que el número 330 pertenecía a una anciana que la había estado alquilando a otras personas hasta entonces. Hicieron las comprobaciones habituales en estos casos –fontanería, instalación eléctrica, cimientos, termitas, impuestos– y lo encontraron todo en orden. Se mudaron en otoño de 1973.

Durante esa misma época, los padres de Jack vendieron a la joven pareja la parte norte del adosado por 4000 dólares, un precio muy inferior a su valor de mercado. Encantados y más felices de lo que habían sido nunca, Jack, Janet y sus dos hijas se mudaron al 328 de la calle Chase el 1 de octubre de 1973.

La vida en West Pittston fue incluso mejor de lo que habían sido sus anteriores años de matrimonio. Janet se mostró muy activa en la comunidad, colaborando en la creación del Club de las Leonas de West Pittston, del cual fue su primera presidenta. También fue una de las impulsoras de la sección local de la asociación «Estudiantes en contra de conducir bajo los efectos del alcohol» del Instituto del Área de Wyoming.

Jack y Janet también participaron juntos en actividades comunitarias. La pareja colaboró en la formación de una liga de softbol femenino y dedicaron muchas horas al Festival de los Cerezos en Flor, una iniciativa encaminada a ayudar a grupos cívicos y juveniles de la comunidad. Jack era muy activo en el Club de los Leones de West Pittston, del cual fue secretario durante dos años.

Durante los primeros dieciocho meses en la nueva residencia, la pareja estuvo muy ocupada con las niñas, la compra, los servicios religiosos, las reuniones de los grupos cívicos y las larguísimas jornadas de trabajo, Janet en la tabla de planchar, el fregadero y la cocina, y Jack en la fábrica, donde se esforzaba por acceder a un puesto de gestión de nivel medio.

Los que conocieron a los Smurl durante aquellos primeros dieciocho meses aseguran que han conocido a pocas parejas más felices. Es necesario tener muy presente cuáles eran las expectativas de las generaciones que los precedían en la región de la antracita para comprender lo que Jack y Janet habían terminado simbolizando: el éxito. Un éxito que nada tenía que ver con los coches llamativos, un estilo de vida disoluto y egoísta, una forma de pensar y vestir a la moda, sino el éxito como se entendía en aquella parte del país. Jack y Janet trabajaban mucho, pagaban las facturas, consideraban que la familia era el centro de sus vidas, sus creencias religiosas cada vez eran más profundas y estaban dispuestos a difundir mediante las actividades cívicas el tipo de caridad que Jesucristo consideraba necesaria para llevar una vida santa. Según sus vecinos, todo el mundo podía reconocer aquella actitud por el modo en que Jack cogía en brazos, abrazaba y besaba a su mujer y a sus hijas en cuanto llegaba a casa.

Dieciocho meses caracterizados por el tipo de felicidad que muchos anhelan pero que pocos alcanzan.

Eran tan felices que no le dieron demasiada importancia a ciertos fenómenos extraños que habían empezado a producirse en el 328 y 330 de la calle Chase.

LA MANCHA

En enero de 1974, Mary Smurl compró una nueva alfombra roja. Cuando los operarios de la empresa de alfombras la dejaron en la sala de estar, Mary descubrió que había una gran mancha de grasa redondeada.

Por la noche, John y Mary aplicaron un producto de limpieza en la alfombra y la mancha desapareció completamente. Sin embargo, dos días después, cuando bajaron a desayunar, vieron que la mancha había vuelto a aparecer. Aquél fue el inicio de un proceso frustrante y algo desconcertante: John y Mary limpiaban la mancha y ésta volvía a reaparecer unos días después. Al final, decidieron tirarla al vertedero de la localidad y comprar una nueva, la cual no les dio ningún problema.

EL TELEVISOR

Jack Smurl es un gran aficionado a las películas del Oeste y admira especialmente a John Wayne, de quien tiene un retrato colgado en la sala de estar. Una noche de 1974, cansado tras un largo día de trabajo, Jack estaba sentado frente al televisor disfrutando de una película del Oeste cuando, de repente, el aparato empezó a arder sin previo aviso, como si alguien hubiera hecho estallar una bomba. Envuelta en humo y llamas, una parte del televisor se derritió antes de que Jack pudiera apagar el fuego.

El episodio del televisor fue el primero de muchos otros incendios inexplicables que se produjeron por toda la casa. La nueva cocina eléctrica ardió poco después de instalarla. El sistema eléctrico del nuevo coche de Jack también se incendió pocos días después de comprarlo.

ESCAPES EN LAS JUNTAS

Durante la gran renovación del adosado que llevaron a cabo las dos familias durante 1974, John Smurl, un experto soldador, soldó treinta juntas de las tuberías de cobre que llevaban el agua a toda la casa. Sin embargo, cuando Jack abrió la llave de paso, todas las juntas empezaron a gotear. Perplejo, John volvió a soldar por segunda vez todas las tuberías, pero éstas siguieron perdiendo agua.

Este misterioso suceso fue seguido por otros problemas menores pero igualmente irritantes. Tareas de reparación que normalmente llevaban diez minutos se convertían de repente en grandes proyectos para los que debían dedicarse horas. Los problemas de fontanería eran constantes. Una tubería de desagüe en la que tanto John como Jack habían trabajado tuvo que ser reparada cinco veces antes de que finalmente pudiera utilizarse.

MARCAS EXTRAÑAS

Jack y Janet se enorgullecían especialmente de la remodelación del cuarto de baño. Entre otras cosas, instalaron un lavabo y una bañera nuevos. No obstante, al despertar la mañana después de haber terminado las obras, se encontraron el lavabo y la bañera de porcelana completamente llenos de arañazos y desportillados; los daños eran tan severos que no podían repararse. El aspecto era muy desagradable y perturbador, como si una bestia frenética hubiese arañado con sus garras la porcelana.

Éstas no fueron las únicas señales de rasguños. En diversas ocasiones, después de que Jack hubiera pintado las molduras y listones de madera justo debajo del tejado, por la mañana aparecían marcas de garras en la madera recién pintada.

EL PÁNICO DE DAWN

Dawn Smurl siempre había sido una joven atlética, inteligente y nada propensa al tipo de rocambolescas fantasías tan típicas de muchos jóvenes de su edad. Desde el primer momento había colaborado en las tareas domésticas y, en la escuela, era una estudiante diligente. Por eso, cuando sus padres descubrieron que había algo que le preocupaba, Jack y Janet supieron inmediatamente que debía de tener una buena razón.

En 1975 Dawn llegó varias veces corriendo y gritando al dormitorio de sus padres asegurando que acababa de ver a varias personas flotando por su habitación. Jack siempre fue a la habitación de su hija a investigar, pero nunca vio nada.

LEVES MOLESTIAS

En 1977 los Smurl ya no pudieron seguir negando que en su casa ocurría algo fuera de lo normal. El hecho de que consideraran que muchos de los incidentes eran divertidos dice mucho tanto de su sentido común como de su fe religiosa.

La cisterna se vaciaba sola continuamente, incluso cuando no había nadie en el cuarto de baño.

Los aparatos de radio se encendían con el volumen al máximo pese a no estar conectados a la corriente.

Jack Smurl oyó pasos en el piso superior y el ruido de cajones abriéndose y cerrándose en dos de los dormitorios. Cuando ocurrió esto, Jack estaba solo en casa.

Durante los siguientes cuatro años, a medida que la familia crecía con la llegada de dos nuevos miembros (las gemelas Shannon y Carin nacieron en 1977), los sucesos extraños continuaron.

A primera hora de la mañana, Jack y Janet oyeron cómo crujían las mecedoras del porche delantero, como si alguien se estuviera meciendo en ellas. Tras oír tres veces los crujidos, bajaron a investigar y encontraron las sillas vacías pero moviéndose, como si unos habitantes invisibles estuvieran sentados en ellas.

Una noche, cuando Jack estaba acostado, sintió una suave caricia en los hombros y supuso que su mujer pretendía insinuarle algo. Sin embargo, cuando se dio la vuelta, vio que estaba dormida.

Durante buena parte de 1983 la casa de los Smurl desprendió un olor desagradable, un intenso hedor de origen desconocido. Al principio, las chicas acusaron medio en broma a Jack, atribuyendo la causa del mal olor a sus pies. Sin embargo, y a pesar de todos los esfuerzos que hizo la familia, no pudieron encontrar la fuente del olor ni librarse de él. Según recuerda Jack, la primera vez que fue consciente de la presencia del olor estaba arrodillado frente a su cama, rezando el rosario.

Con el paso de las semanas y los meses, la extraña casa se volvería aún más extraña.

Janet y Jack Smurl se embarcaron en una frustrante búsqueda de ayuda que se prolongó diez meses y que sólo consiguió que se sintieran aún más aislados y asustados. Janet, por ejemplo, se puso en contacto con el Departamento de Minería para intentar descubrir si algunos de los extraños incidentes que se producían en la casa podían estar provocados por un fenómeno conocido como subsidencia. La persona que la atendió le recomendó que comprobaran los cimientos de la casa en busca de grietas o señales de desmoronamiento. No encontraron ni lo uno ni lo otro. Una vez más, habían buscado en vano una explicación a lo que les estaba ocurriendo.

Encuentro con una forma oscura

Janet sonrió para sí mientras se preguntaba si era ilegal oler de la gran botella roja de plástico de Era Plus, su detergente preferido y cuyo aroma le resultaba especialmente agradable.

Era invierno y Janet estaba sola en el sótano. Desde allí, oía el débil sonido del televisor en el piso de arriba; el público de un concurso televisivo se estaba riendo de algo y después aplaudió enérgicamente. Durante los plomizos meses invernales, la televisión le hacía mucha compañía mientras realizaba las tareas domésticas.

Mientras metía la ropa en la lavadora, se preguntó qué podía preparar de cena aquella noche. Lo bueno de la familia Smurl, se dijo para sí, es que no tenías que preocuparte por preparar platos demasiado elaborados, pues siempre preferían encontrar en la mesa alimentos básicos: carne, patatas y verduras. Aquel tipo de comida no sólo era sabrosa, sino que, además, era la mejor forma de asegurarse de que su familia consumía las vitaminas y los nutrientes esenciales.

Lo oyó en cuanto terminó de llenar la lavadora.

O eso le pareció.

Alguien la llamaba por su nombre.

Cerró la lavadora y se enderezó. Janet era una hermosa mujer de treinta y siete años vestida con una vieja camisa y unos pantalones sueltos.

Se le aceleró el pulso y notó cómo el sudor le corría por la frente.

Le había parecido oír que alguien la llamaba por su nombre.

Echó un vistazo general al sótano. En el rincón que daba al este había una voluminosa cesta de plástico verde para la ropa; en el rincón que quedaba justo al otro lado, el que daba al oeste, vio varias cajas de cartón donde guardaban trastos diversos: adornos navideños o ropa vieja de las niñas.

—Janet.

Esa vez su miedo se tornó gélido y visceral. Entonces estaba segura de que alguien la estaba llamando, y también fue consciente de que no estaba sola en el sótano.

Levantó la mirada hacia la pequeña ventana cuadrada y vio un cielo pesado y gris más allá de ésta. Volvió a oler el interior de la botella de detergente Era Plus y oyó el chirrido de la secadora y el ligero golpeteo de la lavadora. Sonidos del mundo real, un mundo donde la voz de una presencia salida de la nada no te llamaba por el nombre. Y, a pesar de todo, eso era exactamente lo que estaba pasando.

—Janet.

Esa vez oyó la voz a su espalda.

Se dio la vuelta. Nada. Sólo aire.

—Janet.

La misma voz. Suave. Femenina. Misteriosa.

¿Cómo podía estar pasando aquello a media tarde y con todas las luces encendidas?, se preguntó.

—Janet.

Lo único que podía hacer era mirar en la dirección de la que parecía proceder la voz.

Una vez más, la sensación de no estar sola hizo que se le acelerara el corazón. Janet llegó a la conclusión de que sólo podía hacer una cosa: responder a la voz.

—¿Qué quieres? –probó.

Sin embargo, la única respuesta que obtuvo fueron los familiares sonidos del sótano, los que procedían de la lavadora y la secadora.

Una vez había visto un programa de *Donahue* en la tele en el que una mujer que había sufrido abusos sexuales aseguraba que, posteriormente, se había sentido muy vulnerable. En cierto modo, así era como se sentía Janet en aquel momento, como si su casa ya no le perteneciera o como si el miedo que habían mantenido oculto durante todo aquel tiempo las dos familias Smurl entonces estuviera plenamente justificado.

Algo terrible estaba pasando en el adosado.

—Janet.

—¿QUÉ QUIERES? –gritó ésta.

¿Lo había imaginado o realmente la voz se estaba riendo ligeramente de ella, como si disfrutara con el pánico y la confusión que la embargaban?

Pero, de nuevo, no obtuvo respuesta.

Janet se pasó una mano temblorosa por el cabello y respiró profundamente para calmarse.

Se alejó de la lavadora, atravesó una parte del sótano que quedaba en sombras y se aproximó a la escalera.

En el piso de arriba, el público del concurso televisivo volvía a reírse y aplaudir.

Subió la escalera de espaldas, un peldaño después del otro, la vista clavada en la zona de lavado que le resultaba tan familiar.

No percibió indicio alguno de una forma fantasmal que alterase el aire.

Tampoco escuchó en aquel momento ninguna voz incorpórea llamándola por su nombre.

Se preguntó si lo habría imaginado todo. Tal vez, las pequeñas molestias y misterios que rodeaban la casa finalmente le habían hecho mella y se había dejado llevar por su imaginación.

—Janet.

Esa vez, cuando volvió a oír la voz, Janet se dio la vuelta, corrió escaleras arriba y cerró la puerta detrás de ella.

No pudo esperar a llegar al dormitorio, donde guardaba un rosario especial que le había regalado su madre; se puso de rodillas allí mismo, en el suelo de la cocina.

Agachó la cabeza y rezó para pedirle al Señor que liberara la casa de los problemas que la afectaban, fueran éstos cuales fueran.

Rezó hasta bien entrada la tarde, de rodillas y recorriendo a pie todas las habitaciones, hasta que el atardecer llenó de sombras alargadas la casa y, finalmente, las chicas entraron entusiasmadas por la puerta con sus risas brillantes como la luz del sol y sus divertidas historias de la escuela.

◆ ◆ ◆

Durante los últimos meses, Jack y Janet Smurl habían hablado en diversas ocasiones sobre los cada vez más numerosos incidentes extraños que se estaban produciendo en su hogar. Aunque ya habían mencionado abiertamente la posibilidad de que su casa pudiera estar «embrujada», aún no estaban preparados para admitir que ése fuera el motivo real de los problemas.

En algunos casos, por ejemplo, buscaban explicaciones naturales y lógicas para justificar las actividades misteriosas. Siempre que era posible, se reían de los sucesos más extravagantes, como cuando, pese a que el termostato marcaba veintiún grados, la casa estaba tan fría como una cámara frigorífica. O la ocasión (que no tuvo nada de graciosa) en que los padres de Jack oyeron una conversación en la que se utilizaba un lenguaje obsceno y violento procedente de la parte del adosado donde vivían Jack y Janet.

Sin embargo, éstos no habían estado discutiendo ni usando palabrotas. Mary Smurl admitiría más tarde que le costó varios meses convencerse de lo contrario.

La noche siguiente al incidente en el sótano, Janet Smurl le contó a su marido el miedo que había pasado al oír cómo la llamaban por su nombre y sentir la fría presencia de algo que no parecía de este mundo en el sótano con ella.

Jack no dudó ni un momento de su mujer.

Entonces Janet dijo lo que, aparentemente, se decían el uno al otro un día sí y el otro no: «Tendríamos que pedir ayuda».

El matrimonio Smurl desconfiaba de casi todo el mundo asociado a los denominados fenómenos paranormales, pues consideraban que eran poco más que charlatanes. Al ser personas religiosas, los Smurl no tenían ningún problema en reconocer que creían en otro plano de la existencia, y que dicho plano a veces entraba en contacto con el nuestro. Sin embargo, las indagaciones que habían realizado hasta el momento no les habían llevado a ninguna parte. Aunque algunas personas les habían recomendado a varios «expertos» en el tema, todos ellos apestaban a teatralidad y codicia.

—Voy a empezar a buscar de verdad, Jack –le dijo Janet a su marido aquella noche.

—Yo también preguntaré por ahí.

Entonces Janet dijo algo que no había dicho nunca:

—Estoy… estoy empezando a asustarme.

Jack alargó el brazo por encima de la mesa de la cocina y le cogió la mano. Sus miradas se encontraron. Cuando volvió a hablar, la voz de Jack era poco más que un susurro.

—Yo también.

Recorrió con la mirada la cocina recién remodelada, la nevera, los fogones nuevos, el premio a su arduo trabajo. Entonces todo aquello, su nueva casa, le resultaba desconocido, incluso peligroso. Y la culpa la tenían unas fuerzas que no comprendían.

Jack encendió un cigarrillo y echó azúcar al café.

—Últimamente pasa algo casi todos los días, ¿verdad?

Janet asintió.

—Sí. A veces son tonterías. Pero, sí, todos los días pasa algo.

Jack soltó el aire y sacudió la cabeza. Janet reconoció en aquel gesto su orgullo y su beligerancia.

—Nada conseguirá echarnos de aquí, cariño. Ya lo verás. Nada.

Tras aquella muestra de determinación, se fueron a la cama.

A pesar de la conversación con Jack, el miedo y la ansiedad no abandonaban a Janet.

Incluso las niñas empezaron a darse cuenta.

—Mamá, ¿estás bien? –le preguntó Dawn dos días después a la hora del desayuno.

—Sí, cielo, muy bien.

Dawn siguió a su madre hasta la cocina y se sentó sobre la mesa de formica que había en el centro de la pequeña estancia.

Era obvio que su hija había percibido que se negaba hablar de su estado de ánimo.

—¿Tienes entrenamiento de baloncesto esta noche? —le preguntó Janet por encima del hombro desde el fregadero.

—Sí —contestó Dawn sin su entusiasmo habitual—. Después de clase, como siempre. —Dawn cambió de tema abruptamente—: Mamá, no has contestado a mi pregunta.

—¿Qué pregunta, cielo?

—Ya sabes, sobre tu estado de ánimo de los últimos días.

Janet se dio la vuelta y miró a su hija con una sonrisa circunspecta pintada en el rostro.

—Cielo, estoy bien. De verdad. —Se rio sin ganas—. Cuanto más mayor te haces, más extraña te vuelves.

Pero aquella respuesta no contentó a Dawn.

—Estoy preocupada por ti, mamá. En serio.

—Cielo, estoy bien, de verdad —dijo Janet encogiéndose de hombros.

Sonrió a su hija mientras pensaba en lo orgullosa que se sentía de ella. Dawn se estaba convirtiendo en una joven muy atractiva, con un buen equilibrio entre energía, inteligencia y una sensibilidad especial por las necesidades de los demás. Dawn disfrutaba asistiendo a la escuela, tenía un novio que la familia apreciaba y era una de las mejores jugadoras del equipo de baloncesto femenino. No se podía pedir mucho más de una hija.

—¿Están listas tus hermanas para ir a la escuela? —le preguntó Janet.

—Kim sí —respondió Dawn, refiriéndose a su hermana de doce años—. Pero Shannon y Carin están discutiendo en el cuarto de baño.

—¿Qué tal si les metes un poco de prisa?

Dawn dirigió a su madre una última y prolongada mirada melancólica y después se puso de pie.

—De acuerdo —dijo en voz baja antes de salir de la cocina—. ¡Shannon! ¡Carin! —gritó entonces mientras subía las escaleras que conducían a las habitaciones donde las gemelas de siete años solían remolonear cada mañana mientras se preparaban para acudir a la escuela.

En la cocina, Janet terminó de fregar los platos que Dawn había usado para preparar el almuerzo que ella y las gemelas se llevaban a la escuela. Levantó la mirada hacia el encapotado cielo. Eran las 7:30 de la mañana, pero podrían haber sido perfectamente las 7:30 de la tarde.

Le hubiera gustado que el mundo fuera el lugar alegre que el locutor de radio aseguraba que era. Volvió a pensar en la voz que la había llamado por su nombre. ¿Se lo habría imaginado?

Después de subir las escaleras del sótano huyendo de la voz, Janet había hecho el esfuerzo de recorrer la casa para comprobar todas las habitaciones, los armarios, la parte inferior de las camas, asegurándose de que no hubiera nadie escondido.

No encontró nada.

Absolutamente nada.

¿Era posible que hubiera imaginado la voz pese a que le había parecido tan real? Pero ¿qué otra explicación podía haber?

Cuando las chicas salieron en estampida de sus habitaciones en el piso superior y bajaron la escalera en tropel listas, por fin, para ir a la escuela, Janet sintió un estremecimiento y decidió pensar en otra cosa.

Como hacía todos los días, se inclinó para que sus hijas pudieran darle un beso de despedida; primero Dawn, después Kim y, por último, las gemelas.

En la puerta principal, Dawn cogió la mano de su madre y le dijo:

—¿Por qué no vas a comprarte una blusa bonita o algo así, mamá? Te sentará bien salir un poco de casa.

Janet sonrió y le devolvió el apretón de mano a su hija.

—Sabes una cosa, cielo. Quizá tengas razón. Quizá me siente bien alejarme un poco de la casa.

Dawn levantó el pulgar.

—Exacto, mamá.

Inmediatamente después, las chicas se marcharon a la escuela.

El centro comercial más próximo estaba lleno de compradores. La nieve siempre atraía a muchas personas.

Janet se dedicó a curiosear en varias tiendas, disfrutando de una mañana sin prisas. Se tomó un Bismarck y una taza de café en una pequeña tienda de dónuts y volvió a casa sin haberse comprado nada. El mero hecho de salir de la casa ya fue distracción suficiente; no necesitó comprarse una blusa nueva.

Ya en casa, sacó la tabla de planchar del armario de la cocina y sintonizó una emisora de rock suave en la radio. Entonces se puso a trabajar, cogiendo ropa de la gran cesta de plástico que estaba a rebosar con las prendas diarias de todos los tamaños, formas y colores que necesita una familia de seis personas: desde calcetines (los rombos volvían a estar de moda para las chicas) a ropa interior (nada del otro mundo, las prendas que suelen tener en *Penney* o *Sears*) o camisas (las amas de casa, pensó Janet medio en broma, de vez en cuando deberían decir una oración en recuerdo del inventor del almidonado; aunque tuvieras que retocar los cuellos y puños de vez en cuando, seguía siendo mucho más fácil que en los viejos tiempos).

Mientras trabajaba y dejaba vagar su mente, Janet sintió un frío repentino en la habitación, como si una ventana se hubiera abierto de golpe y hubiera entrado por ella el gélido aire del mes de febrero.

El frío le hizo levantar la cabeza, y fue entonces cuando vio la aparición.

«Mantuve la calma —explicaría Janet posteriormente—. En las películas, la gente siempre grita y sale corriendo, pero yo me quedé quieta, con la plancha aún en la mano, mientras observaba la forma. A decir verdad, al principio no estuve muy segura de si existía realmente. Sabía que cabía la posibilidad de que fuera una alucinación o algo así. Pero, en cuanto empezó a avanzar hacia mí, todas mis dudas se desvanecieron. No cabía ninguna duda; la aparición, fuera cual fuese su naturaleza, era real. Muy real».

La criatura era una forma oscura de apariencia humana, con una capa que se agitaba a su espalda. Sin embargo, lo más perturbador era su rostro. No tenía rasgos.

Cuando se acercó más a ella, pudo distinguir con mayor claridad que la criatura no estaba hecha de ninguna sustancia sólida conocida, sino que parecía estar compuesta de un humo muy espeso, negro y ondulante. Podía ver a través de ella. El aire tenía un olor extraño, aunque no era desagradable. La criatura medía aproximadamente un metro ochenta (Janet hizo el cálculo utilizando la nevera como referencia) y, más que caminar, parecía deslizarse.

Al pasar junto a ella, el frío y el olor se volvieron más abrumadores. Cruzó rápidamente la cocina en dirección a la sala de estar.

Al principio, Janet se quedó paralizada.

«En aquel momento no me di cuenta, pero estoy prácticamente segura de que sufrí una conmoción –aseguró Janet más tarde–. No podía moverme; me quedé mirando y parpadeando en la dirección donde hacía un momento había estado la criatura. Recuerdo que el corazón me latía muy rápido y que ni siquiera fui capaz de gritar. Estaba… la única palabra que puede describirlo es paralizada».

Pasado un minuto, Janet bajó la cabeza y vio que aún sostenía la plancha caliente con una mano. La dejó cuidadosamente sobre la tabla de planchar en posición vertical y se encaminó hacia la sala de estar con pasos lentos y cortos.

Se detuvo sin hacer ruido en el hueco de la puerta que separaba la cocina del salón.

No había nadie. La casa estaba en silencio.

Janet se adentró en la sala de estar y echó un vistazo a su alrededor. Nada. Exactamente igual a lo que había pasado el otro día después de escuchar la voz femenina que la llamaba por su nombre.

Volvió a recorrer la habitación con la mirada. Por primera vez desde que se habían mudado a aquella casa, fue consciente de todos los posibles escondites que los ladrones, o las criaturas de cualquier condición, podían utilizar para ocultarse.

Janet comprendió entonces que la casa de la que se había sentido tan orgullosa hasta entonces también podía ocultar oscuros secretos.

De pie en el centro de la sala de estar, completamente rígida y con los brazos protegiéndose el pecho, Janet respiraba agitadamente mientras contenía las lágrimas.

◆ ◆ ◆

Janet visitaba a menudo a sus suegros, quienes vivían en la otra parte del adosado. Había dos razones por las que lo hacía. En primer lugar, entre Janet y John y Mary Smurl se había creado una profunda e íntima amistad. En segundo lugar, Mary Smurl llevaba unos cuantos meses sufriendo de diversos achaques (pocos meses después sufriría un infarto).

Veinte minutos después de que la inquietante forma oscura atravesara la casa, Janet fue a visitar a su suegra, decidida a explicarle con franqueza la experiencia que acababa de tener. Si se hubiera tratado de otra persona, Janet habría sentido reticencias a la hora de revelarle un suceso como aquél. Pero sabía que Mary la escucharía atenta y razonablemente e incluso podría darle algún consejo sobre lo que debería hacer.

«Al final fue ella la que me sorprendió a mí —asegura Janet Smurl hoy en día—. Fui corriendo a su parte del adosado. Cuando entré por la puerta, debía de parecer medio loca, con el miedo aún en la mirada por lo que acababa de presenciar.

Recuerdo que me preguntaba continuamente cómo iba a sacar el tema. "Mary, creo que acabo de ver a un demonio salido del infierno". No quería que creyera que me había vuelto loca o que estaba perdiendo la cabeza o algo peor. Y al final fue ella la que me dejó a mí totalmente desconcertada».

Nada más llegar al adosado de Mary, Janet se dio cuenta de que la mujer estaba actuando de forma extraña. Normalmente, Mary la recibía con una sonrisa sincera, justo antes de ofrecerle un café y una pasta. Sin embargo, aquel día estaba sentada rígidamente en una mecedora de madera estilo colonial, con una colorida manta de ganchillo sobre los hombros, y apenas reparó en su presencia.

Janet se sentó y encendió un *Salem.* Se quemó el dedo con la cerilla. Aún estaba tan nerviosa por lo que había visto que no podía centrarse en lo que estaba haciendo.

Janet: «Ya sabes lo que ocurre cuando tienes una mala experiencia; te cuesta mucho volver a recuperar la normalidad. Había ido al apartamento de Mary para contarle lo que había sucedido, pero, una vez allí, me di cuenta de que no sabía cómo se lo iba a decir. Sacar el tema, quiero decir».

Sin embargo, Janet no tendría que haberse preocupado.

Mary Smurl se inclinó hacia delante en la mecedora y, pálida como la leche, le dijo:

—He de contarte una cosa, Janet.

—Qué curioso. Yo también he de contarte *algo,* por eso estoy aquí.

—Todavía no me lo creo.

Janet se dio cuenta de que Mary se aferraba con fuerza a los brazos de la mecedora. Al percibir en su suegra un miedo y una confusión terribles, se preguntó si la forma oscura habría atravesado también aquella parte del adosado.

—Es posible que no me creas, Janet –dijo Mary–. Ni siquiera *yo* sé si me lo creo aún. Quizá me estoy haciendo vieja o quizá estoy… –La mujer sacudió la cabeza–. Había una cosa, una forma oscura, no sé cómo llamarla. Atravesó la pared y después…

Janet: «Me eché a reír. No pude evitarlo, tenía una gran tensión acumulada. Había tenido miedo de contarle a Mary lo que acababa de pasarme y resulta que ella había tenido la misma experiencia que yo».

Mary se santiguó y cogió una de las estampas con la novena que solía utilizar para los rezos de la tarde.

—Estaba aquí sentada, en la mecedora, con los pies en alto, diciendo mis novenas, y entonces he sentido una presencia. He levantado la cabeza y he visto aparecer una forma negra; ha bajado por la escalera y ha entrado en la sala de estar. Me ha pasado por delante y luego ha desaparecido. Creía que los ojos me estaban jugando una mala pasada. –Sacudió la cabeza, aparentemente más triste que asustada–. ¿Qué podía ser?

Janet se encogió de hombros.

—No lo sé. –Entonces pensó en la inevitable conversación que mantendría con su marido, Jack, aquella misma noche–. Jack nos hará muchas preguntas cuando se lo contemos.

Mary asintió. Su hijo era una persona muy inquisitiva a la que siempre le gustaba conocer todos los detalles. Ya era así de niño y seguía siéndolo en la edad adulta. Por ese motivo, Janet pensó que sería una buena idea que las dos mujeres se contaran la una a la otra qué habían visto exactamente.

Janet: «Pensé que hablar de lo que ambas habíamos visto nos ayudaría a comprender mejor lo que estaba sucediendo en la casa. Cuando terminamos de hablar, tenía los brazos con la piel de gallina. Y sabes por qué. No era por culpa de la forma oscura, sino porque en aquel instante comprendí cómo cosas tan familiares como un sofá, un televisor o una mecedora pueden convertirse de repente en objetos profundamente amenazadores. Nunca *observamos* de verdad los objetos que nos rodean hasta que sucede algo terrible y las cosas asumen formas y significados muy distintos. Mientras estaba allí sentada, observé cómo caía la nieve al otro lado de la ventana, la pantalla del televisor donde solía ver los partidos de béisbol o a Dan Rather dando las noticias. De algún modo, todo me pareció súbitamente amenazador, como si ya no pudiera confiar en mi instinto. Crees que el mundo es de una manera y, de repente, percibes que es muy distinto y que están pasando muchas cosas que no vemos o que, por lo menos, aún no comprendemos. Como no quería molestar más a Mary, le di las gracias por compartir su experiencia conmigo y después volví a mi casa para esperar a Jack, quien normalmente llegaba del trabajo hacia las cinco.

Cuando llegaron a casa de la escuela, las hijas mayores, Dawn y Kim, encontraron a su madre en un extraño estado de ánimo, entre retraída y nerviosa. Y excesivamente protectora, de un modo que no terminaban de entender; no dejaba de abrazarlas por cualquier motivo e incluso se le llenaban los ojos de lágrimas mientras lo hacía.

—Mamá, ¿estás bien? –le preguntó Dawn.

—Sí, muy bien –repuso Janet. Pero lo dijo demasiado rápido, y Dawn y Kim se dieron cuenta.

En un momento dado, Kim se asomó al dormitorio de sus padres y vio a su madre de rodillas, con un rosario en las manos.

Nunca habían tenido tantas ganas de que fueran las cinco.

Evidencia mortal

En las semanas siguientes a la aparición de la forma oscura, no sucedió nada reseñable en la casa de los Smurl.

Aunque se produjeron otros «accidentes» menores que una mente lógica atribuiría a causas naturales –luces que parpadeaban, una puerta o un armario que se cerraba de golpe en una habitación vacía–, Janet y Jack empezaron a relajarse y, como consecuencia de ello, también lo hicieron sus hijas.

Era evidente que las cuatro chicas ya se habían dado cuenta de cómo les estaba afectando a sus padres la tensión provocada por los extraños acontecimientos de los últimos meses. Jack, un hombre extremadamente amable hasta el momento, entonces perdía los nervios fácilmente. Janet, normalmente una persona de trato fácil, se mostraba angustiada cuando alguna de las tareas de su rutina doméstica no le salía bien, por muy insignificante que ésta fuera. (Entre ellos incluso llegaron a barajar la posibilidad de que las chicas estuvieran gastándoles bromas, lo que explicaría algunos de los extraños sucesos. Pero no tardaron en rechazar esa idea, sabedores de que, aunque a veces eran traviesas, nunca harían nada que molestara o preocupara a sus padres de aquel modo). Aunque los Smurl seguían siendo los padres fuertes y cariñosos de siempre, era evidente que estaban preocupados tanto por el «visitante» como por los otros incidentes relacionados.

Pero a medida que el gris mes de febrero daba paso al soleado marzo, lo que auguraba la inminente llegada de la primavera, Jack y Janet recuperaron lentamente la normalidad. Jack obtuvo el ascenso en la fábrica, Janet recibió un premio por todo su trabajo de servicio a los demás en el Club de las Leonas y las chicas se involucraron en diversas actividades deportivas, desde el baloncesto hasta el voleibol pasando por la natación.

Una noche, durante este intervalo de tranquilidad, Janet y Jack estaban sentados frente al televisor viendo las últimas noticias cuando Janet dijo:

—¿Crees que se ha terminado?

No hacía falta que especificara más para que Jack entendiera a qué se refería.

—Me da un poco de miedo decirlo, pero creo que sí –contestó Jack con una sonrisa–. Supongo que los fantasmas se han buscado una habitación en el Holiday Inn.

Muy seria, Janet insistió:

—¿De verdad crees que se ha acabado?

—Sí, de verdad.

—¿No lo dices por decir?

—No, no lo digo por decir.

◆ ◆ ◆

Aquella primavera, Kim Smurl tenía trece años, la edad en que la mayoría de los niños católicos hacen la confirmación. La confirmación es la ceremonia mediante la cual el participante acepta, desde la perspectiva de un adulto, los principios y responsabilidades que conlleva la fe católica. En cierto modo, podría compararse a la *bar mitzvá* de la tradición judía.

La ceremonia estaba programada para una noche entre semana, lo que significaba que había mucho movimiento en la casa. Janet Smurl había preparado la cena, planchado el vestido blanco de confirmación de Kim, hablado con Shannon sobre un examen en el que sólo había sacado un aprobado justo y, finalmente, acorralado a Kim el tiempo suficiente para coserle un cuello especial a su vestido especial.

Estaban en la cocina.

«Ya sabes lo que pasa cuando tienes prisa —recuerda Janet Smurl—. Cuando ocurrió, Kim y yo estábamos en mitad de la cocina y Shannon de pie un poco más a la derecha, junto a la nevera».

Mientras trabajaba en el vestido de su hija, se produjo un estruendo ensordecedor en la cocina, como si algo hubiera atravesado la pared. Sin tiempo para moverse, Janet levantó la vista y vio cómo el pesado aplique de techo que habían instalado hacía siete años durante la remodelación de la casa se desplomaba, acompañado de chisporroteos eléctricos y una nube de cal.

Janet y las chicas gritaron mientras trataban de evitar la lámpara. Janet y Kim tuvieron suerte porque consiguieron meterse debajo de la mesa.

Sin embargo, Kim no pudo poner a salvo a su hermana Shannon y la lámpara de techo de un metro y veinte centímetros de largo le golpeó en el hombro antes de estrellarse contra el suelo.

Para entonces, Jack, que estaba arreglándose en el piso de arriba, llegó corriendo a la cocina, aterrorizado por el estruendo. Kim y Shannon estaban sollozando mientras Janet examinaba a Shannon para determinar la gravedad de la herida.

«Santo Dios», exclamó Jack Smurl al ver la parte del techo del que no hacía mucho colgaba la lámpara. Sabía que estaba bien instalada y asegurada al techo con tornillos.

Sin embargo, entonces sólo quedaba un boquete irregular del que asomaba yeso blanco y las entrañas de unos gruesos cables eléctricos de color negro que serpenteaban por el techo y colgaban totalmente expuestos.

Janet no podía dejar de pensar en el momento en el que la lámpara había caído a menos de cinco centímetros de la cabeza de Shannon. Si la niña hubiera recibido un golpe directo, habría muerto al instante.

Shannon podría estar muerta…

Rápidamente, los Smurl prepararon a sus hijas para subir a la furgoneta y dirigirse a la iglesia de la Inmaculada Concepción para la confirmación. Ya iban muy justos de tiempo.

Al salir de casa, las chicas un poco por delante de sus padres, Janet Smurl miró a Jack.

No hicieron falta palabras para transmitir lo que sentía.

Terror.

Jack la atrajo hacia él y la besó suavemente en la mejilla.

—Todo irá bien, cariño.

Acurrucada junto a él, Janet cerró los ojos y sintió un escalofrío.

—Tengo mucho miedo.

Por entonces Janet ya estaba lo suficientemente familiarizada con el mundo sobrenatural para saber que los rituales y objetos santificados ponían especialmente nerviosos a los demonios. ¿Qué podía haber más santificado que una confirmación?

Los ojos de Janet buscaron el desagradable boquete del que no hacía mucho colgaba la lámpara. Rezó en voz alta a Jesucristo para pedirle que, si les pasaba algo a ellos dos, protegiera a las niñas.

Entonces, Janet sintió también el despertar de un nuevo sentimiento, el nacimiento de un odio frío hacia la presencia que asediaba su casa. Había intentado hacer daño a una de sus hijas.

Janet: «Después de aquello, nos pasamos horas, días, semanas, hablando con gente que pudiera ayudarnos. Sin embargo, he de decir que la mayoría de las personas a las que les contamos lo sucedido adoptaron una actitud muy condescendiente. Por ejemplo, llamé a varias universidades de todo el país que tenían departamentos relacionados con la parapsicología o los fenómenos paranormales. Pero, para nuestra sorpresa, no resultaron de gran ayuda. Recuerdo una experiencia especialmente negativa en la que un profesor me preguntó, en tono altanero, si veía muchas películas de terror, insinuando que me había dejado llevar por mi imaginación. No podía creerlo».

La pesadilla de Jack

Hacia finales de abril, Jack y Janet Smurl cargaron la autocaravana con las niñas y algunos suministros y pusieron rumbo a una de las zonas de acampada donde, los fines de semana, se relajaban y disfrutaban del tiempo libre.

El tiempo primaveral se había mantenido durante todo el mes de abril. Las flores de manzano impregnaban el aire con su aroma y la hierba se extendía como un océano verde por las laderas de las numerosas colinas que dominaban la región.

El incidente de Shannon con el aplique del techo había servido para que Jack y Janet comprendieran la auténtica dimensión del problema al que se enfrentaban. Aunque aún les costaba creer que estuvieran ante una infestación demoníaca, eran conscientes de que algún tipo de fuerza sobrenatural estaba actuando en los confines de su hogar. Aunque tanto su naturaleza como sus motivaciones continuaban siendo un misterio para ellos.

Lo único que sabían era que aquel fin de semana querían escapar momentáneamente de sus garras, por ese motivo decidieron pasarlo en la zona de acampada.

♦ ♦ ♦

La calle Chase es un auténtico vecindario, en el mejor sentido de la palabra. La gente que vive en él se preocupa por sus vecinos. Cuando una familia pasa unos días fuera de la ciudad, los otros vecinos se toman la molestia de echar un vistazo de vez en cuando a la casa vacía para asegurarse de que todo sigue en orden.

El fin de semana que los Smurl se marcharon de acampada, varios vecinos echaron un vistazo al adosado, comprobaron que todo estuviera bien y después se fueron a su propia casa.

No obstante, el sábado por la noche, poco después de que anocheciera, varios vecinos oyeron algo que todavía les produce escalofríos. Según dice un vecino que prefiere mantenerse en el anonimato: «Nunca he escuchado a nadie gritar mientras se está muriendo, pero imagino que debe de ser muy parecido al sonido que salía de la casa de los Smurl aquella noche. La gente encerrada en campos de concentración o sitios así debía de gritar de ese modo. Pasé caminando por delante de la casa de los Smurl y oí un extraño sonido parecido a un aleteo que salía de la ventana del segundo piso, como si unos pájaros gigantes estuvieran batiendo las alas o algo así. Entonces empezaron a oírse unos gritos realmente aterradores. Mi mujer se marchó rápidamente a casa; estaba demasiado asustada para quedarse allí en cuanto empezaron a oírse los gritos. Como he dicho, era como si estuvieran matando a alguien con un hacha o algo parecido dentro de la casa. Pero sabíamos que estaba vacía, que los Smurl estaban fuera de la ciudad.

Así fue como la mayor parte del vecindario descubrió los problemas en casa de los Smurl.

Por desgracia, más tarde otros vecinos conocerían de primera mano el calvario que estaban viviendo.

◆ ◆ ◆

Tres de las chicas necesitaban ropa para la escuela. Estaban en aquella edad en la que cada seis meses parecía quedarles pequeña toda la ropa del armario.

Una cálida tarde del mes de mayo, Janet decidió llevar a las cuatro chicas a Insalaco, el centro comercial situado al sur de la ciudad, casi en las afueras.

Jack, cansado después de un largo día de trabajo y con los primeros síntomas de una gripe incipiente, prefirió quedarse en casa para, probablemente, irse pronto a la cama.

Cogió una biografía en rústica de John Wayne, subió a su dormitorio y se acostó. Eran las 19:14 horas. La lectura resultó ser el mejor somnífero ya que, después de leer tan sólo tres páginas, Jack se quedó profundamente dormido con el libro sobre el pecho.

De niño, Jack había tenido sueños recurrentes en los que caía de edificios muy altos. Aún recordaba la sensación de estar suspendido en el aire y después precipitarse hacia el pavimento. Siempre se despertaba sobresaltado, el corazón latiéndole con fuerza en el pecho.

Aquella noche tuvo la sensación de estar suspendido en el aire, pero no la de caer. Era como si estuviera suspendido literalmente en las corrientes de aire, cómodo y relajado.

Lentamente, Jack comprendió que en realidad no estaba soñando.

Oía el ruido de los coches que circulaban por la calle.

Percibía el olor de las flores de primavera a través de la ventana abierta.

Sentía el tacto de la ropa sobre la piel.

Abrió los ojos de repente para comprobar que, efectivamente, no estaba soñando. Estaba levitando, su cuerpo completamente inmóvil a sesenta centímetros de la cama.

Su primera reacción fue de pánico. Empezó a moverse, a revolverse, intentando sentarse, allí mismo, en el aire. Y entonces la cosa lo empujó de nuevo hacia la cama.

Jack bajó de ésta de un salto y se puso de pie, con los puños delante de la cara.

«¡Muéstrate! ¡Muéstrate!» gritó.

Pero sólo oyó el latido de su propio corazón martilleándole en el interior del pecho. Y un silencio extraño, socarrón.

Se había convertido en un juguete en manos de la entidad que vagaba a su voluntad por la casa. Nunca antes había tenido tanto miedo como el que sentía en aquel momento.

Entrevista con Jack Smurl

P: ¿Tenías algún indicio en este punto que te hiciera sospechar que la situación sólo podía empeorar?

R: En realidad, no. *[Pausa]* Verás, soy un hombre de cuarenta años muy familiar. He tenido una vida muy normal. De niño, mi padre nos llevaba a nadar, jugaba al baloncesto y pasaba el rato en el Centro Católico Juvenil, sobre todo las noches que había baile... *[Risas]* Ya sabes, un montón de discos de Elvis, Johnny Mathis y Nat *King* Cole. Después pasé algún tiempo en la Marina (por entonces, llamaban «crucero infantil» a los períodos tan cortos en el servicio como el mío) y lo dejé para casarme y formar una familia.

P: ¿Me estás diciendo que no habías tenido ninguna experiencia previa que te preparara para lo que ocurrió?

R: Exacto.

P: Por tanto, ¿no sabías cómo reaccionar ante una situación así?

R: No, aunque creo que casi nadie sabría cómo reaccionar. Lo primero que hace una persona normal es *rechazar* la idea de que está enfrentándose a algo sobrenatural. Aunque te suceden muchas cosas realmente increíbles, tu mente sigue intentando encontrar una explicación *normal*. ¿Entiendes?

P: Por lo que dices, en aquel momento rechazabas la posibilidad de que se tratara de un incidente sobrenatural, ¿no es así?

R: No, no la rechazaba. Simplemente confiaba en que hubiera otra explicación. Pero, evidentemente, cuando me detenía a reflexionar sobre ello, sobre formas oscuras que atraviesan paredes o lámparas que se desploman y casi matan a mi hija, ¿qué otra explicación podía haber?

P: Entonces, ¿en el fondo sabías que se trataba de incidentes sobrenaturales, pero te negabas a creerlo?

R: Sí, es una buena forma de decirlo. Era un proceso de negación en toda regla. Sin embargo, a medida que se sucedían los incidentes, cada vez era más difícil seguir negando que se trataba de un caso sobrenatural. Porque no había ninguna otra explicación. Ni una sola.

Declaración de Shelley Adams, veintitrés años de edad

Hacía siete años que vivía en la misma calle que los Smurl; además, mis padres son dos de los mejores amigos de Janet y Jack.

La mayor parte de los vecinos descubrieron lo que estaba pasando en el adosado de los Smurl el fin de semana en que varios residentes escucharon los gritos procedentes de la casa. Después de eso, Janet y Jack se mostraron mucho más dispuestos a hablar de los problemas que tenían con las personas que vivían cerca de ellos.

Debo admitir que al principio era muy escéptica. Aunque me considero una persona religiosa, creía que la mayoría de los sucesos misteriosos o sobrenaturales eran poco más que «trucos» de charlatanes que buscan publicidad o el producto de nuestra propia imaginación.

Sin embargo, después de enterarme de todo lo que estaba pasando en casa de los Smurl, a escasos metros de mi propio domicilio, no me quedó más remedio que reconocer la posibilidad de que fueran producto de la actividad paranormal.

Y en cuanto al propio matrimonio Smurl, todos veíamos la tensión que les provocaba aquella situación. Janet y Jack discutían un poco de vez en cuando, y eso era algo que no habíamos visto nunca. Además, Jack a veces gritaba a sus hijas, las cuales, como todo el mundo sabía, eran su orgullo y su alegría, y aquello era algo muy poco habitual en él.

Janet empezó a confiar mucho en mi madre y, dado que yo aún vivía en casa de mis padres, fui testigo de muchas conversaciones.

No obstante, aunque estaba segura de que Janet se creía todo lo que contaba, yo aún tenía algunas dudas.

Supongo que todavía esperaba encontrar algún tipo de explicación natural, pese a que, como les ocurría a la mayoría de los vecinos de la calle West Chase, empezaba a darme cuenta de lo improbable que era cualquier tipo de explicación natural.

Una tarde, después del trabajo, volví a casa y me encontré a Janet y a mi madre hablando de la suegra de Janet, Mary. Al parecer, ésta había oído a unos niños riendo y corriendo en la otra parte del adosado pese a que en aquellos momentos no había nadie en casa.

Supongo que aquello me pareció bastante gracioso, no sé muy bien el motivo, porque dije:

—No te preocupes, Janet, llamaré a los cazafantasmas para que limpien la casa de espíritus malignos.

En cuanto lo dije, me di cuenta de que había avergonzado a mi madre y herido los sentimientos de Janet.

Me disculpé rápidamente:

—Supongo que ha dejado de ser divertido, ¿no?

Janet recuperó parte de su sentido del humor.

—Quizá deberíamos hacer como en las películas. Ya sabes, ofrecer un gran premio por pasar una noche en nuestra casa. Creo que entonces cambiarías de opinión.

—Estoy bastante segura de que no tendría miedo –dije muy confiada.

—Creo que cambiarías de opinión, Shelley –respondió Janet con delicadeza.

Tomamos café y unas galletas con trocitos de chocolate mientras seguimos hablando un poco más de los extraños sucesos que se estaban produciendo en casa de los Smurl. Llegó el momento en que Janet debía empezar a preparar la cena para su familia y mi madre ir a su clase de cerámica y después encontrarse con mi padre en un restaurante.

Decidí quedarme en casa y fregar los platos. Me quedé en la parte superior de la escalera mientras mis padres se iban. Mi padre cerró la puerta con llave. Entonces puse música y empecé a fregar los platos. Cinco minutos después, el volumen de la música –*rock and roll*– subió hasta tal punto que incluso empezaron a dolerme los oídos. Fui hasta donde estaba el aparato de radio y bajé el volumen, achacando el problema a un cortocircuito en los cables de la radio.

Cuando me di la vuelta la puerta principal estaba abierta unos cinco o seis centímetros. Me acerqué a ella y vi que el pestillo seguía echado.

La presencia o entidad de la que Janet llevaba hablando desde hacía unos cuantos meses entonces también estaba en nuestra casa. Podía sentirla o percibirla en el aire, el cual tenía una textura extraña, ligeramente distinta a la habitual.

Y en lo único que podía pensar era en que Janet había traído aquella «cosa» con ella.

Entonces hice algo que no debería haber hecho. Fui hasta el teléfono, mientras lloraba aterrorizada, y llamé a Janet. Escuché mi propia voz y, aunque quería dejar de decir todas aquellas cosas terribles y crueles, no podía detenerme.

—¡La has traído contigo! ¡Ahora está en nuestra casa! –grité entre sollozos–. No quiero que vuelvas a venir aquí más, Janet. –Estaba temblando de pies a cabeza y llorando por el miedo y la confusión.

Por suerte, Janet y yo seguimos siendo amigas porque ella entendió por lo que estaba pasando, las cosas horribles que pueden llegar a decirse cuando estás aterrorizada.

Justo después de que la entidad ocupara la totalidad de nuestra sala de estar, se produjo otro período de tranquilidad en casa de los Smurl. Janet y Jack volvieron a relajarse, y las chicas también lo hicieron, porque ellas también habían estado bajo mucha tensión.

Durante aquel período, cuando los vecinos tocaban el tema, lo hacían con optimismo. Tal vez lo que les había sucedido a los Smurl estaba tocando a su fin.

Quizá ya había pasado lo peor para todos nosotros, y digo «nosotros» porque por entonces casi toda la calle estaba involucrada, ya fuera como testigos de sucesos extraños o tratando de consolar y ayudar a los Smurl en su terrible experiencia.

Pero nos equivocábamos.

Aquél no era el final; era sólo el principio.

UNA NOCHE VIOLENTA

Una noche del mes de junio de 1985, justo después de hacer el amor con su marido, una furia invisible tiró a Janet Smurl de la cama y la arrastró por el suelo.

Janet: «Sólo recuerdo el sonido de mis propios gritos. En un momento dado estaba recostaba entre los brazos de Jack y, al siguiente, algo que no podía ver me agarró de la pierna derecha».

Jack: «Fue como una especie de tira y afloja. Yo la estaba agarrando con todas mis fuerzas porque no sabía lo que aquella cosa quería hacer con ella. Pero cuanto más me esforzaba por retenerla, con más fuerza tiraba de ella».

De repente, Jack se quedó paralizado.

«No podía moverme –asegura–, literalmente. Algo me tenía bajo su control. Ni siquiera podía maldecir. Estaba completamente inmovilizado».

Janet: «Me aferré a Jack y a las sábanas; tenía la sensación de estar aferrándome a la vida misma mientras colgaba del borde de un acantilado. Jamás me había sentido tan vulnerable y expuesta como en aquellos instantes. No dejaba de gritar pidiendo ayuda. No sé muy bien cómo, pero conseguí permanecer en la cama».

Aterrorizada ante lo que podría pasarle a continuación, Janet se sorprendió al notar que la fuerza invisible la soltaba de repente.

Janet: «Sentí cómo cedía la presión en mi pierna. Y después vi que Jack empezaba a moverse otra vez. Extendió una mano hacia mí y se la toqué. Y entonces empezaron los golpes».

Hacía más de un año que los Smurl oían golpes y repiqueteos procedentes del interior de las paredes de la casa, como si éstas ocultaran un enfurecido ejército de demonios. Sin embargo, los golpes nunca habían sido tan fuertes como aquella noche.

Y también les llegó el olor, tan hediondo como un vertedero en un día húmedo y caluroso pero mucho más opresivo.

Janet: «Sentí náuseas y apenas podía respirar. Jamás me había sentido abrumada de aquel modo por un hedor».

Jack: «Los sonidos y el olor hicieron que empezara a creer que estaba perdiendo la cabeza. Estaba mareado, sentía náuseas y tenía un terrible dolor de cabeza. Con un gran esfuerzo, conseguí agarrarle la mano a Janet y salimos del dormitorio. Era como tratar de escapar de un edificio en llamas, aunque en este caso las llamas y el humo eran invisibles».

Los golpes en las paredes continuaron, como si la entidad que se había hecho con el control de la casa quisiera dejar claro su dominio y burlarse de ellos.

Durante los siguientes días, Janet estuvo de mal humor, silenciosa, algo muy poco habitual en ella. El miedo la dominaba por completo e, hiciera lo que hiciese, no podía librarse de aquella sensación, ni siquiera cuando pensaba en sus años de juventud relativamente despreocupados.

De niña, Janet disfrutaba dando paseos solitarios por el campo. También le gustaba patinar y nadar, además de pasar horas interminables y dichosas en su habitación leyendo cientos de novelas, entre ellas las series de Nancy Drew y las gemelas Bobbsey.

Más tarde, ya en el instituto, sus gustos literarios cambiaron y se aficionó a los *best-sellers* y a las historias basadas en hechos reales. Durante esta época terminó de florecer y se convirtió en *majorette* y en miembro del coro.

Janet guardaba buenos recuerdos de los años posteriores al instituto, su noviazgo con Jack y sus primeros años de casados. Ni siquiera el hecho de que Carin naciera con una deformidad en la columna vertebral (lo que al principio los obligó a entrar y salir del hospital casi todos los meses) había agotado sus energías como lo hicieron los extraños sucesos de la calle Chase.

Janet: «Empecé a pensar mucho en el pasado, y ya se sabe que, visto en retrospectiva, todo parece mucho mejor, más fácil. Supongo que eso fue lo que más me asustó y deprimió. Tenía la sensación de que mi familia estaba siendo amenazada por algo que no podíamos entender, y mucho menos combatir. Era muy desalentador».

Desde niña, Janet había sido muy aficionada a la comedia, desde *Abbott y Costello* y *La isla de Gilligan,* más antiguas, hasta los programas más recientes como *Mary Tyler Moore* o *Bob Newhart,* por eso los días siguientes intentó pasar la mayor cantidad de tiempo posible frente al televisor con la esperanza de que mejorara su estado de ánimo.

Sin embargo, tampoco el recurso de la comedia le sirvió de mucho.

Se sentía dominada por el plomizo cielo gris y la terrible sensación de que estaban atrapados en algo de lo que nunca podrían escapar.

En su incansable búsqueda de ayuda, Janet hizo dos cosas durante esa época: se puso en contacto con la compañía eléctrica para intentar encontrar una explicación al hecho de que las luces se encendieran y apagaran solas y escribió una carta al Canal 16 explicando con todo lujo de detalles lo que estaba ocurriendo en su casa.

El hombre que envió la compañía eléctrica le dijo, después de hacer una comprobación general, que el sistema eléctrico de la casa había sido renovado hacía unos años, que había muchos circuitos y que no había motivo alguno para que las luces se encendieran y apagaran solas.

De la cadena de televisión no obtuvo respuesta. El estado de ánimo de Janet volvió a caer de nuevo en uno de sus períodos de aislamiento.

El asalto

Los psicólogos saben que el estrés puede destruir la vida familiar. El aumento del índice nacional de divorcios corrobora esta afirmación; actualmente, el 50 % de los matrimonios estadounidenses termina en divorcio.

Imagina, por tanto, el nivel de estrés al que estaba sometida la familia Smurl cuando las fuerzas invisibles que se habían apropiado de su casa empezaron entonces a conspirar para destruirla.

Después de la aterradora noche en la que Janet fue arrastrada de su cama por unas manos invisibles, siguieron varias semanas que pusieron a prueba los mismísimos cimientos sobre los que se erigía la familia Smurl.

Janet: «Había temporadas en las que, obviamente, estábamos inmersos en una auténtica lucha contra los poderes que trataban de apoderarse de nuestra casa. Terminamos por denominar a esa fuerza "Eso". No se nos ocurrió ningún otro nombre más apropiado. En definitiva, un día estaba tan cansada de tener miedo que me enfadé. Empecé a pedirle a gritos que se largara de mi casa y dejara de intimidar a mi familia. Supongo que debió de ser una estampa de lo más extraña, de pie en mitad de la casa mientras gritaba a algo que ni siquiera podía ver.

»Fue el día después de que le quitara a Jack la medalla de san Judas del cuello mientras dormía. Tuvo que levantarlo de la cama porque la cadenita no tiene broche. Nos dio la sensación de que el espíritu estaba tratando otra vez de demostrarnos su superioridad, de mostrarnos que él era quien mandaba allí. El día siguiente fue uno de los peores porque fue cuando atacó a Simon».

Un amigo de la familia

Simon es un perro grande y afable que ha vivido con la familia Smurl desde que era un cachorro, y la prueba viviente de que no todos los pastores alemanes son violentos. Todas las hijas de los Smurl tienen su historia favorita sobre Simon, algún relato adorable acerca del perro feliz y protector que ha llegado a convertirse en un miembro de la familia de pleno derecho. La tranquila naturaleza del animal fue precisamente lo que convirtió los acontecimientos de un martes por la mañana en algo especialmente exasperante.

Janet estaba en la cocina fregando los platos y Simon tendido en el suelo junto a ella. De repente, Janet vio cómo unas manos invisibles levantaban a Simon del suelo y lo lanzaban contra la puerta de la cocina. El perro aulló de dolor al estrellarse contra el suelo.

Janet corrió a su lado, lo abrazó e intentó protegerlo de más ataques. El gran animal temblaba y gemía entre sus brazos.

Pero eso no era lo único que le tenía reservado a Simon. Poco después, mientras Janet volvía a estar otra vez sola en la cocina con Simon, vio cómo éste se doblaba por la mitad de repente y empezaba a aullar de dolor. A continuación, el cuerpo del animal empezó sufrir unos terribles espasmos, como si le estuvieran azotando. Los aullidos del perro llenaron de dolor los oídos de Janet, sobre todo porque se sentía incapaz de hacer nada por ayudarle. Una vez más, lo único que pudo hacer fue quedarse a su lado y abrazarlo en un intento por mantener alejado al demonio.

El cachorro fantasma

El perro que unos pocos días después apareció en la vida de Mary y John Smurl, en la otra parte del adosado, era todo menos un amigo de la familia.

Por la noche, al matrimonio ya mayor le gustaba tomar un refrigerio mientras veían la tele. Aquella noche en particular, no obstante, Mary estaba sola en la sala de estar. John estaba en la cocina, reparando un electrodoméstico.

Mary, absorta con la televisión, al principio reparó en la extraña presencia de un modo periférico. Cuando volvió bruscamente la cabeza, se quedó con la boca abierta.

Un cachorro sin cabeza ni cola pasó a toda velocidad justo por delante de ella y se refugió debajo del sofá de dos plazas.

Mary fue a la cocina tan rápido como pudo para contárselo a su marido, y éste llamó a Jack inmediatamente para que le ayudara a encontrar al cachorro fantasma. La búsqueda resultó infructuosa. No había ni rastro del cachorro. Jack midió el espacio que había entre el sofá y el suelo; no había más de tres centímetros y medio.

—Es imposible que quepa un cachorro ahí, mamá.

—Un cachorro de carne y hueso no –dijo Mary Smurl mientras un escalofrío le recorría la espalda. Entonces, al recordar algo que había dicho aquella misma tarde, le dijo a su marido–: ¿Recuerdas que te he dicho que los incidentes estaban yendo a menos?

John Smurl asintió.

—Supongo que ésta es su forma de demostrarnos que me equivocaba –sentenció Mary Smurl.

Su esposo y su hijo le dieron la razón.

Las fuerzas en la casa parecían disfrutar atormentándolos.

LAS NIÑAS

Janet y Jack sabían que, a pesar de todo el estrés que debían soportar ellos, en realidad las que más sufrían eran las niñas.

Eres una chica amable y normal. Te gusta ir a la escuela, los deportes, la música y la vida familiar. Estás orgullosa de tus padres, del tipo de personas que son y de todo el trabajo que realizan desinteresadamente para la comunidad.

No obstante, en menos de dos años, tu vida pasa de estar dominada por los días soleados típicos de una infancia normal y corriente a los días oscuros y melancólicos provocados por acontecimientos de lo más inquietante.

¿Cuántos niños tienen que presenciar el espectáculo de ollas y sartenes volando por la cocina sin explicación aparente?

¿Cuántos niños experimentan alguna vez cómo su almohada es golpeada violentamente por una mano invisible?

¿Cuántos niños deben enfrentarse a escalofriantes sonidos en su cuarto, como si algo estuviera arañando la pared desde el interior?

Ninguno, evidentemente.

Sin embargo, las hijas de los Smurl debían soportar todos los días terribles fenómenos sobrenaturales.

Janet: «Un día perdí los nervios. Carin estaba muy asustada porque llevaba un tiempo oyendo un inquietante sonido en su habitación, como si unos pájaros de gran tamaño agitaran las alas y remontaran el vuelo. Un día bajó corriendo las escaleras y se echó a mis brazos. Después de consolarla, subí a la habitación de las gemelas y me puse en plan amenazador: "¡Deja a mis hijas en paz, maldita sea!", grité. Aquel día no hubo más sonidos de pájaros revoloteando».

Evidentemente, las niñas hablaban entre ellas sobre los incidentes que se producían en la casa.

Dawn: «Había algunas cosas con las que podías acostumbrarte a convivir. Pero había otras con las que no. El sonido de revoloteo de alas, por ejemplo, es indescriptible. Hace que imagines unos pájaros gigantescos echando a volar.

Un día lo escuchamos en la chimenea. Mi padre le pidió a Kim que saliera afuera para echar un vistazo al tejado. Aunque no vio nada, seguíamos oyendo el aleteo, como si algo intentara abrirse paso hacia el ático. Fue horrible».

Kim: «Aprendimos algo muy valioso: la importancia de las oraciones. Hubo muchos momentos en que era muy difícil no caer en la desesperación, o salir corriendo de la casa llorando, pero siempre mantuvimos la confianza en la plegaria para mantener la calma y evitar caer en la confusión y el miedo, que era precisamente lo que querían los espíritus. Sabíamos que quería separarnos, pero no íbamos a permitirle que lo hiciera».

No obstante, y a pesar de la robusta determinación de los Smurl, hubo momentos en los que la fe parecía no ser suficiente para soportar el asalto demoníaco.

LA CAÍDA DE SHANNON

Shannon Smurl, al igual que su hermana gemela, Carin, siempre había demostrado poseer unas habilidades creativas extraordinarias para su edad. Por ejemplo, siempre que coloreaba un libro, lo hacía de un modo impecable. También tenía un don para la poesía y un talento especial para el canto.

Shannon, que tenía por entonces ocho años, dormía con su hermana en una litera, ella en la parte de arriba. Un jueves por la noche, durante la primera fase del asedio, sus padres la habían acostado como hacían todos los días y, poco después, se quedó profundamente dormida.

Unas horas después, Jack y Janet se fueron también a la cama. Cuando llevaban durmiendo menos de media hora, los despertó un ruido fuerte y sordo, como si alguien hubiera dejado caer algo muy pesado desde la parte superior de las escaleras hasta el rellano del primer piso.

Sorprendidos, inmediatamente después oyeron cómo Shannon empezaba a gritar en mitad de la oscuridad.

Janet y Jack bajaron la escalera muy agitados y encontraron a su hija tendida en un rincón.

—Cielo –dijo Janet tras comprobar que la niña estaba bien físicamente–, ¿te has tropezado bajando la escalera?

Jack pensó que aquello no era posible. Tanto él como su mujer tenían el sueño muy ligero, por lo que habrían oído los pasos de Shannon y el crujido del viejo suelo de madera.

—No lo sé, no lo sé –repetía Shannon mientras lloraba débilmente.

Volvieron a meterla en la cama, recitaron unas cuantas oraciones junto a su lecho y después comprobaron que sus otras hijas estaban bien.

Una vez en su propia cama, Janet dijo:

—No puedo soportarlo más, Jack. Tenemos que encontrar a alguien que nos ayude.

Jack estuvo de acuerdo. Pese al recelo que sentía por los «ocultistas», principalmente por su tendencia a la charlatanería, entonces se daba cuenta de que tenían que hacer algo.

No podía quitarse de la cabeza la imagen de su hija Shannon arrojada escaleras abajo, tendida en el suelo como una muñeca rota.

No tenía la menor duda de quién era el responsable de aquello. Ni el motivo que le había llevado a hacerlo. Una vez más, quería dejar bien claro quién mandaba allí.

Sin embargo, Jack y Janet Smurl no estaban dispuestos a que la situación se prolongara. A la mañana siguiente empezaron a buscar ayuda, esa vez muy en serio.

Buscando ayuda

Todo el vecindario era muy consciente de lo que ocurría en el adosado de los Smurl. Casi todo el mundo fue muy amable.

—Aunque en realidad no entendían qué pasaba, como nosotros, apoyaron mucho a toda la familia –comenta Janet.

Jack: «Es uno de esos momentos que te ayudan a descubrir quién es realmente tu amigo y quién no lo es. Evidentemente, muchos de nuestros vecinos eran escépticos, sobre todo al principio, e incluso hubo algunos que insinuaron que nos les importaría ver cómo nos mudábamos, pero en general los vecinos hablaban con nosotros del tema e hicieron un esfuerzo por entender nuestra situación».

Sin embargo, por muy comprensiva que fuera la gente, la realidad era que el adosado de los Smurl seguía bajo asedio.

Los incidentes de todo tipo –sonidos sibilantes, como de serpientes invisibles, que asustaban a las niñas; pesados pasos en el ático; una colcha hecha jirones como si una bestia con garras la hubiera hecho añicos– continuaban convirtiendo el adosado en una zona de peligro constante.

La biblioteca

Durante esta fase del asedio, Janet Smurl decidió que debía hacer todo lo posible por convertirse en una auténtica experta del mundo sobrenatural.

Cada día, sin importarle el tiempo o sus tareas cotidianas, acudía a la biblioteca de la localidad. «No tenían tantos libros sobre el tema como me hubiera gustado –comenta Janet mientras se ríe–. Pero ¿por qué iban a tenerlos? Cuando empiezas a investigar en serio sobre el tema, te das cuenta de que, pese a haber mucha literatura sobre demonología, todavía nadie había encontrado una explicación adecuada a lo que nos estaba pasando».

Respecto a las obras que consultó, Janet señala: «Algunos libros eran bastante serios, pero otros eran meros cuentos sensacionalistas que no me sirvieron de mucho. Sin embargo, una cosa estaba clara; enseguida descubrí que no éramos los únicos que habían vivido una infestación demoníaca. Había diversos libros en los que se documentaban infestaciones similares a la nuestra».

El descubrimiento de Janet sirvió de consuelo a toda la familia. «Saber que otras personas habían pasado por lo mismo y habían sobrevivido a la experiencia nos dio muchos ánimos. En cierto momento, Jack incluso bromeó con la posibilidad de crear algún tipo de club. Ésta fue una de las cosas que posteriormente la prensa distorsionó. Durante la mayor parte de aquellos días y noches, por muy malos que éstos pudieran ser, la familia siempre mantuvo la fe y el sentido del humor. Solíamos reírnos de la mayoría de los incidentes. –Janet hace una pausa–. Aunque, por supuesto, algunos eran demasiado terroríficos para reírse de ellos».

En este punto Janet sacude la cabeza con seriedad.

«Durante el período que pasaba más horas en la biblioteca, una noche una niebla muy extraña llenó la mitad de nuestro dormitorio. Me desperté, la vi y traté de despertar a Jack, pero éste siguió durmiendo. Más tarde descubrimos que Jack estaba inmerso en un «sueño psíquico» profundo, suponemos que inducido por la cosa. La niebla se extendía como una especie de membrana desde la cama hasta la ventana. La luz de la luna le confería una apariencia fantasmagórica. Unas cuantas noches después volvió a suceder lo mismo y en esa ocasión logré despertar a Jack. Vimos cómo la niebla se arremolinaba y adquiría una forma muy extraña; de repente, nos dimos cuenta de que había adoptado la forma de una persona. Luego se dirigió rápidamente hacia el armario y desapareció».

Janet fue incapaz de encontrar alguna referencia a la niebla en ninguno de los libros que solía consultar. Las siguientes noches le costó conciliar el sueño.

DOS SACERDOTES

Durante la peor parte del asedio, los Smurl invitaron a dos sacerdotes al adosado.

El padre Sean Malone, un viejo amigo de la familia, fue a cenar una tarde y los Smurl le contaron los problemas que habían estado teniendo.

Se sintieron aliviados al descubrir que su amigo se tomaba muy en serio sus palabras.

Janet: «El padre Malone subió al piso de arriba y después nos dijo que había sentido la presencia de algo maligno. "Sois gente agradable y normal. No deberías estar pasando por esto"».

Mientras el padre Malone hablaba, Janet se dio cuenta de que había empezado a sudar y que estaba muy nervioso. «Nos dio la impresión de que la presencia estaba presionándolo para obligarle a marcharse».

Pese a todo, el padre Malone recorrió toda la casa y bendijo todas las habitaciones mientras ordenaba al demonio que «¡dejara en paz a aquellas personas!».

En un momento dado, la presión se hizo tan insoportable y el sacerdote parecía tan alterado, que Janet y Jack temieron que éste fuera a desmayarse. Sin embargo, el padre Malone, demostrando una enorme valentía, terminó las bendiciones, se tomó un café en la cocina con el matrimonio y se marchó.

Para sorpresa y satisfacción de los Smurl, durante los tres días siguientes a la visita del sacerdote el demonio no perturbó la paz de su hogar.

Algunas semanas después, cuando el demonio intentó una vez más dominar a los Smurl, la pareja llamó al monseñor Hugh Byrne para que bendijera el adosado.

Esto se produjo poco después de un incidente especialmente preocupante en el que Mary Smurl, cuya salud seguía siendo mala, fue izada sobre el colchón a tal altura que se vio obligada a saltar de la cama mientras ésta levitaba, lo que le produjo graves heridas en las rodillas. Su marido, que estaba jugando a las cartas fuera del domicilio, se enojó muchísimo cuando Mary le contó lo que le había sucedido y ayudó a Jack y Mary a tomar la decisión de llamar al monseñor.

Janet: «Como hiciera el padre Malone, el monseñor recorrió toda la casa y bendijo todas las habitaciones con agua bendita. Una vez más, estábamos ante un hombre que creía absolutamente en lo que le decíamos. Posteriormente descubrimos que no todos los representantes de la Iglesia son tan cooperativos».

Aquello sirvió para corroborar que, después de bendecir la casa, el demonio permanecía inactivo durante unos cuantos días.

Por desgracia, su regreso se hizo evidente cuando las puertas de los armarios empezaron a abrirse y cerrarse solas.

El diario

Para su sorpresa, Janet conoció a mucha gente comprensiva con la que podía hablar de sus problemas. Una de estas personas era un investigador universitario que había dedicado la mayor parte de su vida a investigar casos paranormales. Les sugirió a los Smurl que tomaran nota de todo en un diario. La familia se puso a la tarea de inmediato.

Jack: «El diario nos permitió disponer de un registro, además de mostrarnos algunos patrones, cosas que hacíamos que podían provocar su reaparición. Por ejemplo, descubrimos que si estábamos enfadados por algo, la entidad absorbía nuestra energía y la utilizaba contra nosotros. Así que hicimos todo lo posible por mantener la calma».

Janet: «Durante esta época nos planteamos por primera vez hacer pública nuestra historia, por ejemplo, llamando a una cadena de televisión local. Pero entonces pensamos, "Si lo hacemos público, la gente pensará que estamos locos o que nos lo estamos inventando"».

Por suerte, poco después Janet recibió una de las llamadas telefónicas más importantes de su vida.

Una llamada telefónica

A Janet le gustaba estar de pie en la cocina cuando el sol entraba por las ventanas. Pese a que se habían producido algunos incidentes extraños durante el día, seguía habiendo algo tranquilizador en el modo en que los dorados rayos del sol bañaban los inmaculados electrodomésticos y el suelo impoluto y quedaban atrapados en las cortinas blancas y almidonadas.

Era el mes de enero de 1986, y la gélida temperatura exterior hacía que Janet se sintiera aún más segura dentro de casa.

Se había tomado un descanso de sus tareas domésticas y estaba sentada a la mesa de la cocina, tomando una taza de café y fumando un cigarrillo. El teléfono empezó a sonar.

Era una amiga que vivía a las afueras de la ciudad, Tricia Larson.

—Hola, Janet, ¿cómo va todo?

—Bueno, ya sabes, lo habitual –se rio Janet–. Ollas y sartenes volando por la casa y demonios escondidos en el sótano.

Tricia se rio, admirada. Durante el último año, Janet se lo había confiado prácticamente todo. A Tricia no le costaba nada creer en las historias de Janet porque siempre había sentido un interés especial por el ocultismo y el mundo sobrenatural.

—Creo que tengo muy buenas noticias para ti.

—Ed McMahon nos regala diez millones de dólares.

—Aún mejor.

—¿En serio?

—Sí. Anoche leí un artículo de un profesor del Marywood College, en Scranton. Sabe muchísimas cosas sobre lo que él llama «infestación demoníaca». Es posible que pueda ayudaros.

Janet pensó en el escepticismo que sentía Jack por ese tipo de personas. Hay que tener mucha precaución para no terminar utilizado o explotado por personas que sólo buscan dinero, publicidad o ambas cosas.

—¿Es profesor?

—Sí –contestó Tricia.

—Supongo que podría llamarle.

—No puede haceros ningún daño.

—¿No parece… ?

Tricia se puso a reír.

—Parece perfectamente cuerdo.

—Le llamaré, Tricia. Y gracias por la información.

—Buena suerte, Janet. Rezaré por ti.

Casi todos los días Janet se informaba sobre el tema de las infestaciones demoníacas y buscaba ayuda tanto para ella como para su familia preguntando a gente que supuestamente eran expertos en la materia.

Por fin, la suerte le sonreía un poco. El profesor que trabajaba en la universidad local le habló de un matrimonio formado por Ed y Lorraine Warren.

—Son investigadores psíquicos profesionales –le aseguró el profesor–. Incluso los ha contratado el Ejército de Estados Unidos.

—¿De verdad?

Janet sintió una mezcla de emoción y miedo. Aquellas personas parecían perfectas, pero ¿estarían dispuestas a ayudar a los Smurl?

—¿Crees que se tomarán la molestia de escucharnos?

—Estoy seguro de que te escucharán. Pero normalmente están muy ocupados, reciben muchas propuestas, y además, antes de aceptar un caso, se aseguran de autentificarlo.

Janet sonrió.

—Si pasan una hora en nuestra casa, se darán cuenta enseguida de que no intentamos engañar a nadie.

—No me cabe ninguna duda. ¿Quieres su número de teléfono?

—Por supuesto que lo quiero.

El profesor se lo dio.

LOS WARREN

En tanto a demonólogos, personas que dedican su vida al estudio de las manifestaciones e infestaciones demoníacas, Ed y Lorraine Warren no tienen rival.

Actualmente, ambos rondan los sesenta años y llevan casados desde hace más de cuarenta. Ed es director de la Sociedad de Investigación Psíquica de Nueva Inglaterra. Su interés por la demonología se remonta a su infancia, cuando descubrió que la casa de sus padres estaba poseída. De niño, veía asiduamente objetos volando por la casa e incluso fue testigo de algunas apariciones.

La experiencia de Lorraine con lo paranormal también empezó a una edad muy temprana. De niña, veía una luz alrededor de la cabeza de las personas; más tarde descubriría que se trata del aura. Ella misma nos relata la experiencia que tuvo al conocer a Ed: «La noche que me lo presentaron, lo primero que vi fue a un joven atlético de dieciséis años de pie delante de mí. Pero, entonces, tuve una visión premonitoria y vislumbré a un hombre más corpulento y canoso; supe inmediatamente que aquél era el hombre en el que iba a convertirse en el futuro. También supe que pasaría el resto de mi vida con él».

Ed y Lorraine se conocieron durante la segunda guerra mundial. Ed fue a la Facultad de Bellas Artes y Lorraine se formó como artista autodidacta. Se casaron durante la guerra, aprovechando uno de los permisos de Ed. Su hija Judy nació mientras Ed todavía estaba de servicio.

Posteriormente recorrerían el país en un Chevrolet Daisy del 33 y un pastor alemán en el asiento trasero. Ganaban dinero vendiendo sus pinturas. «Nos gusta pensar que fuimos los primeros *hippies* –asegura Ed en tono jocoso–. Pero nunca perdimos el interés por las infestaciones y la demonología. Cuando nos enterábamos de algún incidente extraño, viajábamos hasta la localidad para investigarlo. Con los años, nos ganamos una reputación de serios especialistas en incidentes de este tipo. Y gracias a la experiencia directa con los demonios, también aprendimos a lidiar con ellos».

Hace poco, los Warren participaron en el que probablemente sea el caso de infestación demoníaca más famoso: Amityville. Aunque expresan su disgusto por el hecho de que «en el libro se exageraran algunas cosas o se dejaran fuera otras», consideran que la historia de los Lutz en Amityville hizo que muchos escépticos reconsideraran su forma de ver las cosas.

Cuando se comprometen a expulsar a los demonios de una casa, los Warren sólo trabajan con clero ordenado. «Trabajamos con sacerdotes de todas las denominaciones, curas, rabinos, pastores e incluso imanes».

Se han escrito tres libros sobre el trabajo del matrimonio Warren: *Deliver Us From Evil* de J. F. Sawyer y *The Devil in Connecticut* y *The Demonologist,* ambos de Gerald Brittle. Además, cientos de artículos y dos programas de televisión propios han ayudado a situarlos en la palestra. Hace unos años, la cadena NBC produjo una película para la televisión basada en uno de sus casos. Incluso el mundo académico ha llamado a su puerta, lo que permitió que tanto Ed como Lorraine impartieran cursos de demonología en la Universidad Southern Connecticut State.

«El mensaje más importante que queremos transmitir a la gente –dijo recientemente Lorraine ante una audiencia universitaria– es que existe un inframundo demoníaco y que, a veces, puede convertirse en un problema profundamente aterrador para las personas».

Uno de sus casos más notables tuvo lugar en West Point, en 1973. Uno de los generales de la prestigiosa academia militar recurrió a ellos para lidiar con una infestación demoníaca que tenía aterrorizados a muchos cadetes.

Los Smurl no podrían haber encontrado a unos mejores aliados que aquel dedicado matrimonio de demonólogos.

ED WARREN

El día que viajamos desde Monroe, Connecticut, a casa de los Smurl, en West Pittston, estaba muy nublado; unas nubes pesadas y oscuras cubrían el horizonte. Como hacemos habitualmente, viajamos en nuestra camioneta. Mientras circulábamos por la interestatal 84, las ráfagas de viento eran tan fuertes que el vehículo no dejaba de dar bandazos sobre los largos tramos de hormigón. Recuerdo que Diane Hayes, bibliotecaria y médium de profesión y una de los miembros de nuestro equipo de investigadores, se inclinó hacia adelante mientras se reía ante la intensidad de los bandazos. «Tendría que haberme puesto el casco».

Al detenernos frente a la casa de los Smurl hacia la una y media de la tarde, nos quedamos un rato dentro del vehículo para observarla desde fuera. Cuando has investigado más de tres mil casos paranormales tanto en Estados Unidos como en Europa, puedes percibir lo que ocurre dentro de la casa incluso desde el exterior.

De modo que permanecimos sentados en el interior de la camioneta contemplando un rato el adosado. Mientras tanto, los coches circulaban por nuestro lado y la gente pasaba apresuradamente, enfundada en sus gruesos abrigos para combatir el fuerte viento. Durante el viaje habíamos hablado de las conversaciones telefónicas que habíamos mantenido con los Smurl. Estábamos más que convencidos de que todos los indicios apuntaban a una infestación en toda regla. Al menos teníamos la sensación de que lo que nos habían contado por teléfono justificaba una investigación seria.

Miré a mi mujer y a Diane.

—¿Percibís algo?

—Nada en particular –dijo Lorraine, una médium capaz de entrar en trance psíquico y con unos extraordinarios poderes de clarividencia y percepción extrasensorial.

—¿Diane?

—Yo tampoco percibo nada especial.

—Está bien. Entonces, entremos en la casa.

◆ ◆ ◆

La familia que nos recibió era muy distinta a lo que estábamos acostumbrados a encontrar en los casos de infestaciones. Existía un patrón clásico: una vida familiar alterada, una gran ansiedad doméstica... Sin embargo, enseguida nos dimos cuenta de que aquella familia no se ajustaba al patrón habitual.

Jack Smurl era un hombre fornido, cordial y muy abierto; Janet Smurl era una persona afable, de voz suave, ojos luminosos y sonrisa perpetua. Las niñas iban bien vestidas y eran educadas y atentas.

Frente a una taza de café, nos explicaron el diseño del adosado; estaba dividido en dos partes y cada una de ellas tenía un ático, tres dormitorios y un baño en el segundo piso, una sala de estar y una cocina en el primer piso, y un sótano de hormigón.

Además, había un porche delantero y otro trasero, y un garaje para dos vehículos en la parte posterior del edificio. La propiedad estaba rodeada por una valla metálica.

Cuando procedimos a explicarles quiénes éramos —respondiendo a sus preguntas tanto sobre nosotros como acerca de nuestro trabajo—, reconocí una mirada de aprobación en el rostro de Lorraine y Diane. Los Smurl les caían bien; no había en ellos ni rastro de la frustración ni la ira tan habituales en las familias con las que solíamos trabajar.

La explicación más obvia para su calma relativa eran sus fuertes creencias religiosas. Las familias que no pueden recurrir a Dios para encontrar la confianza que necesitan suelen terminar destrozadas por la actividad del demonio.

Hacia el final de la tarde, cuando las sombras se hicieron más alargadas, Janet trajo más café. Entonces indiqué con un gesto la grabadora que había instalado y les dije:

«La primera vez que la ponga en marcha, os sentiréis un poco cohibidos. Pero no tardaréis en acostumbraros. Es muy importante que os entrevistemos largo y tendido para después poder analizar las grabaciones. ¿Os parece bien?».

Janet y Jack cruzaron una mirada. Cuando ambos asintieron, puse en marcha la grabadora.

◆ ◆ ◆

Durante la primera parte de la entrevista Janet llevó la voz cantante.

◆ ◆ ◆

—¿Te dice algo el término satanismo?

—Sí.

—¿Qué crees que significa?

—¿La adoración de Satanás?

—Sí. –Hubo una pausa–. ¿Alguna vez has practicado el satanismo?

Janet se sonrojó.

—No.

—¿Sabes qué es un tablero *ouija*?

—Sí.

—¿Alguna vez has utilizado uno?

—No.

—¿Algún miembro de la familia lo ha utilizado alguna vez?

—No.

—¿Estás segura?

Janet miró a su familia.

—Sí, estoy segura.

—¿Lees libros sobre brujería?

—Desde que empezamos a tener problemas en la casa, he leído todos los libros que he podido encontrar sobre el tema.

—¿Pero no has realizado ninguno de los rituales que se describen en ellos?

—No.

—¿Y tu fe en Dios se ha mantenido intacta?

—Diría que es más fuerte que nunca.

—¿Tú opinas lo mismo, Jack?

—Sí –dijo éste.

Algo nerviosa, Janet intervino:

—No sé por qué nos preguntáis todo esto.

—Porque –les expliqué– os sorprendería descubrir la cantidad de casos en los que la gente atrae sin pretenderlo espíritus a sus casas como consecuencia de un interés por los ritos sobrenaturales.

»Por ejemplo, sabemos de una mujer de veinticinco años que tenía una muñeca que se movía sola. La mujer cometió el error de llamar a una médium para llevar a cabo una sesión espiritista.

Durante la sesión, un espíritu dijo ser el fantasma de una niña fallecida y le pidió permiso para residir en la muñeca. La dueña de la muñeca se lo dio. Pero en los días siguientes, la mujer empezó a arrepentirse de lo que había hecho, ya que la muñeca intentó poseer a varias personas de la casa e incluso arañó y le produjo heridas a una. El espíritu fue finalmente expulsado de la casa cuando un pastor episcopal realizó un exorcismo.

»El problema es que la propietaria de la muñeca cometió varios errores importantes. En primer lugar, «reconoció» la presencia del espíritu y, después, le dio «permiso» para que entrara en la casa.

Aquella tarde, Lorraine también les contó una historia a los Smurl.

—En una ocasión, una joven de diecinueve años muy atractiva e inteligente a quien le gustaba probar cualquier cosa que la sacara de la rutina compró un tablero *ouija* y empezó a jugar con él. De repente, empezó a comunicarse con un espíritu que se dedicó a halagarla para conseguir que le dejara entrar en su casa. Como de costumbre, al principio el espíritu se comportó como lo haría un invitado educado y la joven estaba encantada de haber encontrado la diversión definitiva gracias al tablero *ouija*.

»Sin embargo, las cosas se complicaron rápidamente. El espíritu empezó a quemar cosas, destrozó habitaciones e intentó hacer daño al resto de la familia. Al final, tuvieron que llamar a un sacerdote católico amigo nuestro para que realizara un exorcismo y expulsara al espíritu de la casa.

—Por eso mismo es tan importante –les expliqué– no jugar con las artes oscuras. Y por eso tenemos que haceros estas preguntas.

Miré a Lorraine y le dije:

—Mientras termino la entrevista, ¿por qué no recorréis juntas la casa?

Las capacidades psíquicas de Lorraine y Diane son formidables por separado; pero cuando las combinan, pueden descubrir sorprendentes realidades al alcance de muy pocas personas o procesos.

Después de que Lorraine y Diane se excusaran, continué con la tarea de completar el perfil de la familia Smurl.

Un espíritu violento

Mientras subía la escalera, Diane se detuvo, cerró los ojos y se llevó las yemas de los dedos a la cabeza.

—Dios mío –exclamó.

Lorraine, que precedía a su amiga, se dio la vuelta. Sabía qué había provocado la reacción de Diane porque ella también lo había sentido: una inconfundible atmósfera maligna que cubría como un manto gris toda la casa.

Diane se llevó una mano al pecho mientras esbozaba una tímida sonrisa.

—¿Sabes una cosa?

—¿Qué?

—Estoy asustada. No pensaba que iba a estarlo, pero…

Lorraine la cogió por el brazo.

—No pasa nada. Nosotros también nos asustamos.

—¿Ed y tú?

Lorraine asintió.

—Nunca es fácil, Diane. –Entonces sonrió–. Por desgracia.

—¿Has oído algo? –preguntó Diane.

—Creo que sí, pero no estoy segura.

A Diane le temblaban los dedos.

—Yo sí que lo estoy.

Se detuvieron frente al último dormitorio. La puerta estaba cerrada. Habían registrado el resto de las habitaciones y no habían encontrado nada en ninguna de ellas.

Sin embargo, unos momentos antes, al avanzar por el pasillo, se había producido un ruido procedente del interior de aquella habitación.

—Bueno, será mejor que entremos –dijo Lorraine.

—Sí, estoy de acuerdo –confirmó Diane, aunque no parecía demasiado segura de lo que estaba haciendo.

Lorraine alargó la mano, giró el pomo de la puerta y la abrió.

El interior de la habitación estaba dominado por el olor dulzón de la naftalina y el intenso aroma que desprendían los cosméticos. La luz de la tarde arrojaba largas sombras sobre la amplia cama de matrimonio y el escritorio. El silencio reinante sólo se veía interrumpido por los crujidos del viejo suelo de madera.

Lorraine cruzó el umbral mientras buscaba con la mirada cualquier cosa que le resultara sospechosa. Su sensibilidad psíquica le permite reconocer el más mínimo indicio del mundo espiritual.

Diane siguió de cerca a Lorraine hasta el interior de la habitación. Vio cómo se arrodillaba junto a la cama, levantaba el colorido edredón y registraba la parte inferior de ésta con una linterna que llevaba en el bolsillo de su chaqueta. Nada.

A continuación, miró detrás de una silla de respaldo recto y también detrás de la cómoda. Tampoco encontró nada.

Sólo quedaba un mueble por registrar, uno que Diane llevaba algunos minutos observando con ansiedad: el armario.

—¿Lo abrimos? –preguntó Diane.

—Sí. Tengo la intuición de que hay algo dentro. Aunque no sé muy bien qué.

Tras decir eso, Lorraine se acercó a la puerta del armario, esperó un instante para tranquilizarse y después lo abrió de par en par. Dirigió inmediatamente hacia el interior del armario el haz amarillo de la linterna.

Mientras las dos mujeres se esforzaban por ver algo en la penumbra del armario, Lorraine tuvo la sensación de que el corazón le subía a la garganta. Una fina capa de sudor le perló la frente.

Por mucha experiencia que se tenga con el inframundo satánico, siempre resulta aterrador.

—¿Lo hueles?

—Sí –confirmó Diane–. Un demonio.

—El cuarto.

—Y el peor.

Lorraine se quedó completamente inmóvil y cerró los ojos con tanta fuerza que sintió los primeros síntomas de un incipiente dolor de cabeza.

Uno de sus dones psíquicos era la capacidad de visualizar los espíritus invisibles responsables de la infestación de una casa.

Diane miró a su amiga.

—¿Recibes alguna lectura?

Efectivamente, Lorraine la estaba recibiendo.

—Tengo miedo por ellos –dijo con preocupación.

—¿Qué ves?

Hasta el momento habían descubierto tres espíritus en la casa y habían realizado perfiles psíquicos de cada uno de ellos. Aunque uno estaba muy enojado, habían logrado controlarlo mediante las oraciones y la perseverancia. Sin embargo, aquel, el cuarto, era un asunto completamente distinto.

—Un demonio –dijo Lorraine en voz baja–. Uno de verdad. –En circunstancias como aquélla, cuando hablaba, su voz adquiría la cualidad ligeramente grave de las personas en trance.

—¿Crees que es el que está provocando todos los problemas?

Lorraine asintió, aún atrapada en su visión psíquica.

Diane se santiguó y después recitó una rápida oración para impedir que Lorraine se sintiera abrumada por la imagen que llenaba su mente.

Estaban de pie en el centro de un ordenado dormitorio de clase media. La luz del atardecer se filtraba por la ventana y el aire olía a perfume y a tabaco. Aquél no era el tipo de olor que uno esperaría encontrar en presencia de Satanás.

Pero ya no le cabía ninguna duda.

El demonio estaba preparado para la batalla. Una batalla sin descanso. Lo que significaba que, si querían sobrevivir, los Smurl tendrían que estar dispuestos a contraatacar.

Lorraine abrió los ojos.

—No me hace ninguna gracia darles la noticia –dijo Diane.

—Si no lo hacemos, no tendrán ninguna oportunidad de expulsarlo de la casa.

—Lo sé –reconoció Diane en voz baja–. Pero es que…

—Hemos de ayudarles, Diane. Necesitan toda la ayuda que podamos proporcionarles.

Las dos mujeres dijeron otra oración y después bajaron para darles a los Smurl una muy mala noticia.

Satanás y sus aliados

Cuando estuvieron reunidos alrededor de la mesa de la cocina, y después de que Janet sirviera café recién hecho y unos bocadillos, Lorraine dijo:

—Hay cuatro espíritus en la casa.

Janet y Jack cruzaron una mirada incómoda.

—Uno de ellos es una mujer mayor, probablemente senil, pero no violenta. Diría que está simplemente confundida. Hay otra mujer, mucho más joven; se trata de un espíritu demente y violento que es posible que quiera haceros daño, aunque creo que puede ser controlada a través de la oración. El tercer espíritu de la casa es un hombre, y por el momento lo único que sabemos de él es que tiene bigote y la capacidad de provocar daños importantes. Y después está el cuarto espíritu. –Hizo una pausa–. Quiero que mantengáis la calma mientras os hablo de él.

Lorraine vio como Janet y Jack se tensaban.

—Vas a decirnos que es un demonio, ¿verdad? –intervino Janet.

Gracias a sus diversas lecturas, Janet sabía que, a veces, los espíritus podían ser relativamente inofensivos y que, en la mayoría de los casos, podían expulsarse recitando oraciones constantemente y bendiciendo la casa.

Y después estaban los demonios.

—El demonio pretende provocar el caos y destruir vuestra familia –dijo Lorraine.

Vio como Jack apretaba los puños.

—El demonio utilizará a los otros tres espíritus en beneficio propio –continuó Lorraine–. Adoptará muchas formas e intentará destruiros de mil y una forma distintas.

Jack golpeó la mesa con el puño. Su rostro revelaba el cansancio provocado por la frustración y la rabia ciega.

—Pero ¿por qué nos ha elegido a nosotros?

Quien respondió fue Ed, un hombre corpulento con el pelo canoso y unos penetrantes ojos verdes. Extendió las manos sobre la mesa y dijo:

—Ya os lo he dicho antes, Jack. Creo que el demonio lleva décadas en la casa, en estado latente. Aunque de eso no puedo estar seguro. Lo que sí sé es que tus hijas están en la pubertad y que el demonio se ha estado alimentando de su energía. Se trata de un patrón clásico: a veces la pubertad estimula las infestaciones. El demonio absorbe su turbulencia emocional y ahora también se aprovecha de la vuestra. Sois como una batería que utiliza para alimentarse. Se trata de una auténtica explosión psíquica. Quiere manteneros, tanto a vosotros como al resto de la familia, permanentemente confundidos y asustados, por eso suele aparecerse sólo a una persona cada vez. No hay nada que provoque una mayor confusión que eso. Cuando Carin asegura que ha visto algo que los demás no veis, en el fondo de vuestra mente os preguntáis si *realmente* lo ha visto o no. Es la forma que tiene el demonio de mantener a la familia en constante agitación para intentar separaros.

Jack suspiró y encendió un cigarrillo.

—Apenas puedo pegar ojo. Estoy tan cansado que me cuesta hasta entender eso. –Movió el cigarrillo en dirección a Ed.

—¿Recuerdas que he dicho que eres como una batería de la que el demonio extrae su poder? Pues eso es lo que te está pasando. Siempre estás cansado, y por eso siempre tienes frío. –Ed bebió un poco de café–. Hay una entidad que está intentando arrebatarte toda tu fuerza vital.

◆ ◆ ◆

Janet: «Mientras escuchábamos a Warren y Diane, recuerdo que me invadió una extraña sensación, una que estaba a medio camino entre el alivio y el miedo. Alivio porque era tranquilizador que alguien supiera todas aquellas cosas acerca de las infestaciones demoníacas. Estábamos convencidos de que realmente podían ayudarnos en nuestra batalla.

»Pero también tenía miedo porque Ed, Lorraine y Diane acababan de confirmar nuestras peores sospechas. Un demonio había tomado posesión de nuestra casa».

Un experimento

El mismo día, Ed y Lorraine pasaron una hora con John y Mary Smurl, durante la cual, John admitió que al principio había sido escéptico sobre la infestación en el adosado, pero que entonces estaba convencido.

—Dios mío, Ed –dijo Mary Smurl–, hasta que no veáis lo que ocurre, no os lo vais a creer. Ruego a Dios que nos creáis.

Ed sonrió y apoyó una mano sobre la de Mary.

—Tenemos mucha experiencia con la actividad paranormal, Mary. Estamos aquí para ayudaros.

Mary, quien aún tenía problemas de salud, sonrió por primera vez en muchas semanas.

Hacia las seis y media de la tarde, Janet sirvió una cena de jamón, ensalada de patata, judías en salsa de tomate y café.

Durante la cena, Ed dijo:

—He de pediros que confiéis en mí.

—Creo que hablo en nombre de los dos si digo que confiamos en ti –respondió Jack.

Janet asintió.

—Entonces, cuando terminemos de cenar, ¿por qué no subimos a vuestro dormitorio?

Janet se echó a reír.

—¿Vas a darnos una pista o quieres mantener el suspense?

—Es un proceso muy especial –intervino Lorraine–. Vamos a intentar que el demonio se manifieste de algún modo. Diane utiliza una cámara de infrarrojos y yo llevo una grabadora. A veces podemos registrar su presencia.

Ed miró a todos los que estaban sentados alrededor de la mesa.

—Cuando estéis preparados…

◆ ◆ ◆

En el dormitorio, Jack, Janet y Lorraine se sentaron en la cama y Ed se quedó de pie en un rincón, cerca de la ventana. Diane se colocó delante de la cómoda con una cámara de 35 mm montada sobre un trípode.

La habitación estaba dominada por las largas sombras de la noche invernal y los esqueléticos dedos que un farol callejero producía al siluetear las ramas de los árboles. Sólo se oían los chirridos del somier y la pesada respiración de Jack, un fumador empedernido.

Janet le cogió la mano a su marido y le susurró:

—Tengo miedo, cariño.

Jack le ofreció una tímida sonrisa y le respondió también con un susurro:

—Yo también.

—Ahora tenemos que rezar –anunció Ed desde su rincón en penumbra.

A Janet siempre le había gustado la resonancia de las iglesias cuando la gente reza junta. Mientras recitaban tres padres nuestros y tres avemarías, se dio cuenta de que su dormitorio transmitía aquella misma sensación.

Cuando terminaron de recitar las oraciones, Ed alargó una mano y puso una cinta en la grabadora. Los bellos acordes del *Ave María* interpretados por una monja llenaron la habitación. La magnífica voz y la emocionante letra transformaron la atmósfera de la habitación durante unos minutos que se hicieron eternos. La casa recuperó la calma y la tranquilidad que había tenido cuando los Smurl se mudaron a ella.

Cuando terminó la canción, Jack apagó la grabadora y encendió las luces. Dirigiéndose a Lorraine, le preguntó:

—¿Has captado algo?

—Tal vez.

—¿Puedes describirlo?

Lorraine cerró los ojos y se llevó unos dedos larguísimos a la frente.

—Una luz muy intensa delante del armario y otra más tenue junto a la puerta.

Ed asintió.

—Vamos a hacerlo otra vez todos juntos. ¿Preparados?

Jack y Janet asintieron.

Volvieron a apagarse las luces y empezó a sonar el *Ave María*.

Nada más empezar a rezar, se produjo un sonido desgarrador, como si estuvieran arrancando algo de la pared.

—¡El espejo! –gritó Janet.

En la penumbra, vieron como uno de los dos espejos de grandes dimensiones fijados con tornillos a la cómoda se movía de un lado al otro, como si estuviera a punto de ser arrancado de sus anclajes.

—¿Qué ocurre? –preguntó Janet.

—El demonio –respondió Ed con calma.

—¡Mirad, el televisor! –dijo Jack.

Los Smurl tenían un aparato portátil en blanco y negro sobre la cómoda. Dado que últimamente el enchufe les había dado algunos problemas, siempre lo tenían desenchufado, excepto cuando lo utilizaban, por miedo a que pudiera provocar un incendio.

Sin embargo, en aquel momento la pantalla se iluminó con un resplandor espeluznante parecido al blanco plateado de las apariciones, bañando con su extraña luz los cuerpos de Jack y Janet.

—Será mejor que os alejéis –dijo Lorraine. Entonces, tras oír un sonido estridente, vio a Diane alejarse rápidamente de la cómoda junto a la que había estado sólo un segundo antes.

Se produjo un crujido en los cajones e, inmediatamente después, éstos empezaron a sacudirse violentamente.

—Debo actuar rápido –dijo Ed.

La pantalla del televisor continuaba iluminada por aquel extraño resplandor, y seguía oyéndose el crujido procedente del interior de la cómoda. El espejo se zarandeaba salvajemente y parecía estar a punto de separarse del mueble al que estaba sujeto.

Ed cogió un recipiente con agua bendita, trazó un amplio signo de la cruz en el aire y empezó a rociar la habitación mientras recitaba:

—En el nombre de Jesucristo, te ordeno que te vayas.

Mientras Ed recorría el dormitorio, rociando agua bendita y sin dejar de rezar, Janet y Jack se cogieron de las manos, muy cerca el uno del otro.

Lentamente, disminuyó la intensidad del resplandor que salía de la pantalla del televisor hasta apagarse completamente. Los violentos traqueteos de la cómoda cesaron. El espejo volvió silenciosamente a su lugar y dejó de moverse.

—Alabado sea el Señor –dijo Ed, finalmente–. Démosle las gracias.

De pie en la penumbra, todos recitaron oraciones de agradecimiento al Señor.

Jack lo recuerda así: «En aquel momento tenía la sensación de que las cosas estaban mejorando, que Ed, Lorraine y Diane sabían bastante bien cómo tratar con los espíritus que habían invadido nuestra casa. Sin embargo, tal y como nos dijo Ed antes de irse, aquello era sólo el comienzo. Por desgracia, su predicción resultó acertada».

Haciendo planes

Una vez más, el matrimonio Warren, Diane y los Smurl se reunieron alrededor de la mesa de la cocina.

—En nuestras investigaciones –explicó Ed–, hemos descubierto que en una casa embrujada hay «puntos calientes», lugares donde detectamos sentimientos de los espíritus más intensos. Aquí, ese foco está en vuestro dormitorio; es una especie de refugio para ellos. Y utilizan el armario que hay en la habitación para pasar al adosado de John y Mary.

Jack: «Mientras estaba sentado en la sala de estar, las ventanas oscuras en mitad de la noche y la escarcha acumulándose en las esquinas, pensé en lo mucho que me había cambiado la vida durante el último año, y entonces estaba a punto de cambiar aún más porque sabíamos con seguridad a qué nos enfrentábamos. En parte tenía miedo de que, si la gente descubría lo que estaba pasando realmente en la casa, pensara que mi familia se lo estaba inventando todo o que estábamos locos».

—¿Cómo podemos enfrentarnos a ellos? –preguntó Janet.

—Puedes empezar con esto –le respondió Ed entregándole un trozo de papel en el que había escrita una oración: «En el nombre de Jesucristo, por la sangre de Cristo, te ordeno que te vayas de esta casa y regreses al lugar del que provienes»–. Recítala cuando te sientas en peligro. Si puedes, usa también agua bendita y haz un gran signo de la cruz.

—Y mañana –añadió Lorraine– debéis comprar varias cosas.

Diane asintió.

—Os aconsejamos que vayáis a la tienda diocesana de alguna iglesia y compréis velas votivas, incienso y un montón de agua bendita.

Ed se terminó el café.

—Una cosa más. Es muy importante que mañana llaméis a un sacerdote para preguntarle si podría realizar un exorcismo en la casa.

—¿Crees que aceptará? –quiso saber Janet.

—Siempre y cuando le convenzáis de lo que está sucediendo –dijo Ed.

—Llamaré a la parroquia a primera hora de la mañana –dijo Janet.

Jack suspiró mientras apagaba el cigarrillo. Mirando fijamente a Ed Warren, le dijo:

—Quiero hacerte una pregunta muy sencilla.

—Adelante.

—¿Servirá de algo?

—Voy a serte muy sincero –dijo Ed–. No lo sé. El demonio con el que estamos tratando es muy fuerte. Mucho. A veces podemos expulsarlos con métodos relativamente sencillos. –Ed sacudió la cabeza–. Pero otras veces...

No hizo falta que terminara la frase.

—Lo que hemos hecho esta noche –dijo Lorraine– puede que sólo sea la primera fase. Os llamaremos por la mañana para comprobar cómo va todo. Es posible que tengamos que enviar a un equipo especializado para seguir ayudándoos.

—¿De verdad? –dijo Janet.

Lorraine sonrió.

—Para eso estamos aquí, Janet, para ayudaros.

—Pero no podemos permitirnos...

Lorraine levantó una mano.

—No cobramos nada por nuestros servicios. Se han escrito tres libros sobre nosotros, hemos hecho de consultores para Dino DeLaurentis y nos pasamos todo el año dando conferencias. Gracias a todo eso, podemos ofrecer nuestros servicios sin cobrar nada.

Le dio una palmadita en la mano a Janet y después consultó el reloj que llevaba alrededor de su delgada muñeca.

—Es hora de irnos. Tenemos un largo viaje por delante.

En la puerta, Janet dijo:

—Os estamos muy agradecidos, de verdad.

—Vosotros sólo preocuparos de ir mañana a la tienda de la iglesia. Y llevad la oración encima en todo momento –dijo Ed. A continuación, dirigió la mirada hacia las cuatro hijas de los Smurl, quienes habían estado sentadas en la sala de estar viendo la televisión mientras los adultos hablaban sobre la infestación. Les sonrió y las saludó con la mano–. Y recordad, chicas, ¡aseguraos de que vuestros padres son tan valientes como vosotras!

Las chicas se rieron.

Los Warren se encaminaron hacia su camioneta en el frío gélido y húmedo de la noche.

Una noche movida

Después de que los Warren y Diane se marcharan, Janet y Jack se sentaron en la sala de estar con sus cuatro hijas para relatarles los acontecimientos del día.

—¿Qué vamos a hacer? –preguntó Kim, la hija mediana, después de que su madre terminara de hablar.

Janet le explicó que al día siguiente irían a la tienda de la iglesia para comprar varias cosas.

—Y vamos a tener que rezar con muchísima devoción.

Jack extendió las manos. Shannon, una de las gemelas, le cogió una y Dawn la otra. A continuación, Janet, Kim y Carin también se cogieron de las manos.

Durante los siguientes veinte minutos, la familia Smurl rezó con una devoción jamás vista hasta entonces.

Aquel día se habían enfrentado a las pruebas que demostraban la existencia de una entidad que podía destruir a toda la familia.

Sólo la ayuda de Dios podía salvarlos.

Mientras las chicas se preparaban para acostarse, es decir, mientras se cepillaban los dientes y se ponían sus gruesos pijamas de algodón, Janet y Jack fueron a la cocina.

—No quiero que las chicas se enteren –dijo Janet cogiendo la mano de su marido– pero estoy muy asustada.

—Yo también.

—¿Qué vamos a hacer?

—Lo único que podemos hacer es lo que nos han dicho los Warren.

Janet suspiró.

—Tal vez sería mejor que esta noche durmiéramos todos abajo.

Jack se quedó un momento pensativo.

—Creo que no es buena idea, cariño —dijo finalmente.

—¿Por qué no?

Jack le apretó la mano y le dio un beso breve pero muy tierno.

—Podemos vencer a esta cosa. Debemos recordarlo en todo momento. *Podemos vencer a esta cosa* —dijo esto último con la airada determinación que en los meses siguientes dominaría cada vez más su estado de ánimo.

Aquella noche, la familia durmió como siempre, cada uno en su dormitorio.

♦ ♦ ♦

—¿Sabes la cosa que vimos aquel día? —susurró Carin.

Las gemelas estaban acostadas en sus camas. Aunque ya habían dicho sus oraciones y las luces estaban apagadas, estaban demasiado nerviosas por los acontecimientos del día para dormir.

—¿La cosa gris? —dijo Shannon.

—Sí.

—¿Crees que está ahora mismo en la habitación?

—¿Tú crees que sí?

—¿Estás intentando asustarme?

—No.

—No creo que esté aquí —indicó Shannon.

—¿Lo dices en serio?

—Sí.

Permanecieron en silencio unos minutos. Sólo se oía el sonido de su propia respiración y el del viento gélido sacudiendo las ventanas de toda la casa.

Para los niños, las sombras pueden ser tan profundas y oscuras como el océano. Y así eran para Carin y Shannon mientras estaban acostadas en sus camas, escuchando.

Entonces oyeron el golpe.

—¿Lo has oído? –dijo Carin en un susurro.

—Sí.

Desde el principio de la infestación, los Smurl habían tenido que soportar ruidos procedentes del interior de las paredes. A veces eran poco más que ligeros golpeteos. Otras, sin embargo, eran golpes fuertes y continuados, como si alguien estuviera picando muy deprisa en la pared con un martillo.

Había una tercera variedad: un sonido profundo e implosivo que parecía originarse en los cimientos de la casa y cuyos temblores llegaban, a través de las paredes, a todos los pisos de ésta, incluso hasta la chimenea. Los Smurl llegaron a la conclusión de que era algo muy parecido a lo que debía sentirse durante un terremoto.

Aquel sonido atronador hizo que las chicas se incorporaran sobre la cama.

—Algo va mal –dijo Carin.

—Lo sé –repuso Shannon en voz baja.

—¿Tienes miedo?

—Mmmmm.

Carin suspiró.

—¿Crees que todo se arreglará?

Shannon no supo qué contestar.

◆ ◆ ◆

Jack y Janet también estaban en su dormitorio.

—¿Qué ha sido eso?

La hiriente bofetada había sonado como el cuero contra la carne.

—*Me acaba de golpear* –exclamó Janet.

Se produjo otro sonido como de bofetada y Janet empezó a gritar. Jack la agarró.

En la oscuridad del dormitorio, Jack sintió cómo una fuerza giraba alrededor de los dos, como una especie de vórtice que terminaría arrastrándolos hacia abajo, cada vez más abajo, hasta un infierno profundo e inimaginable.

Se aferró a su mujer como si ésta se estuviera ahogando.

Entonces sintió un cosquilleo en la planta de los pies.

No era el tipo de cosquilleo que provoca risas, sino otro muy distinto, uno que puede provocar una gran debilidad e incluso inducir a la locura si se prolonga lo suficiente.

Jack saltó de una punta a la otra de la cama, como si estuviera perdiendo la cabeza.

—¡Jack, Jack! –gritó Janet mientras unas manos invisibles continuaban abofeteándola y provocando en su marido un frenesí cuasi animal.

Fue entonces cuando empezaron los golpes.

Un golpeteo profundo y cavernoso que reverberó por toda la casa.

Bum.

Bum.

Bum.

—Quieren demostrarnos que son superiores –dijo Janet.

Como si el demonio quisiera confirmar sus palabras, en aquel instante el televisor portátil volvió a encenderse con el mismo resplandor pálido y misterioso que había emitido durante la visita de los Warren.

En aquella ocasión, el brillo se hizo tan intenso que Jack y Janet tuvieron que mirar hacia otro lado para evitar el dolor en los ojos.

El aparato seguía estando desconectado.

Jack bajó de la cama y se quedó de pie con el torso desnudo y los puños apretados.

—¿Por qué no te muestras para que podamos resolver esto con una pelea justa? –gritó a las sombras cambiantes.

Janet fue hasta su lado y se aferró a él.

Tardó algunos minutos en conseguir calmar a su marido.

Mientras tanto, los golpes en la pared continuaban.

Era como estar de patrulla militar.

El fiel pastor alemán se dedicó a hacer guardia en el pasillo, frente a las habitaciones de las chicas, alerta por si debía advertirlas de algo. Por entonces, Simon era perfectamente consciente, a su modo, de lo que los demonios eran capaces de hacer a los animales de toda condición, fueran éstos humanos o no.

Jack Smurl se unió a Simon en la vigilancia durante el resto de la noche. Con ayuda de una linterna lo suficientemente larga y pesada como para hacer las veces de arma contundente, Jack se despertó muchas veces durante la larga noche para ir a comprobar si las chicas se encontraban bien.

Sabía que habían oído los golpes en las paredes y había ido a consolarlas cuando el ruido se hizo especialmente inquietante.

Finalmente, hacia las tres de la madrugada, los golpes se detuvieron.

Pero Jack, preocupado por el bienestar de sus hijas, no corrió ningún riesgo.

Continuó levantándose regularmente para ir a patrullar. Como no podía ser de otro modo, por la mañana estaba agotado.

Mientras desayunaban, sonó el teléfono y Janet contestó.

—¿Diga? –dijo.

—Hola, soy Ed Warren. Sólo quería comprobar cómo habíais pasado la noche.

Janet suspiró y miró a Jack con ansiedad.

—Será mejor que te pase a Jack, Ed.

—Claro, pásamelo.

Jack se puso al teléfono y le explicó lo que había sucedido durante la noche.

—Temía que pudiera pasar algo así –dijo Ed pensativamente al otro lado de la línea–. No van a rendirse. Al menos no sin presentar batalla.

—Hoy llamaremos al sacerdote.

—Y aseguraos de comprar los artículos religiosos.

—Por supuesto.

—Y continuad enfadados. No cedáis ante ellos. ¿Recuerdas cuando hablamos de reconocerlos de varias formas, de otorgarles el dominio sobre vosotros y dejarles usar vuestra energía? Bueno, la ira es la mejor forma de aseguraos de que aún no os habéis rendido.

Jack habló en voz baja, pues no quería que las chicas, que estaban comiendo su sémola de trigo, escucharan lo que iba a decir:

—Mi familia parece un grupo de zombis esta mañana. Anoche fue como vivir en un búnker, como si estuviéramos en guerra.

Ed Warren habló con mucha calma:

—Jack, he de ser sincero contigo.

—¿Sincero? ¿Sobre qué?

Ed hizo una pausa.

—Jack, *estáis* en guerra.

Un clérigo indiferente

JANET: «Siempre habíamos creído que la Iglesia nos ayudaría. Pero, por desgracia, he de decir que no tardamos en descubrir que estábamos equivocados.

»Uno de los días en que Ed y Lorraine estaban en casa, Lorraine llamó a nuestra parroquia y le explicó a uno de los sacerdotes, el padre O'Reilly, lo que estaba pasando en nuestra casa y le pidió ayuda. El padre se mostró muy cortante con ella, le dijo que en ese momento estaba ocupado con el ensayo de una boda y que llamara en otro momento. Después de colgar, Lorraine nos dijo que estaban acostumbrados a aquel tipo de trato por parte de los miembros de la Iglesia.

»Entonces Ed nos sugirió que compráramos los objetos religiosos y los bendijéramos para garantizar la seguridad de nuestra familia. Sin embargo, cuando acudí al mismo sacerdote para que los bendijera, recibí más o menos el mismo trato que había recibido Lorraine. Pese a contarle todo lo que nos había estado ocurriendo, no mostró ningún interés ni empatía por nosotros.

»Bendijo los objetos que le había llevado, pero no utilizó agua bendita, y en cuanto terminó, se marchó apresuradamente. No me hizo ninguna pregunta».

Este fue tan sólo el comienzo de los problemas de Janet con la Iglesia, una institución en la que le habían enseñado a confiar y creer.

La venganza del demonio

Los días siguientes a la negativa del Padre O'Reilly a visitar el hogar de los Smurl, y el deprimente impacto que este rechazo tuvo en la familia, los Smurl descubrieron que Ed Warren no se había equivocado cuando les dijo que estaban embarcados en «una guerra».

Un descubrimiento

Un día, cuando Dawn llegó a casa después de la escuela, descubrió que el maquillaje que siempre dejaba sobre su escritorio había desaparecido. No era algo fuera de lo normal; últimamente, los espíritus hacían «desaparecer» muchas de las pertenencias de la familia.

Aquella tarde en particular, sin embargo, Dawn no reaccionó del modo que se esperaría en una chica de dieciséis años ante la evidencia de la presencia de demonios en su casa. Dawn se puso furiosa. E incluso bromeó sobre ello.

—¡Sé por qué me has cogido el maquillaje! –le gritó a los espíritus cuya presencia percibía en la habitación–. ¡Porque eres feo y no te gusta cómo te viste tu mamá!

Janet, que pasaba en aquel momento frente al dormitorio de su hija, lo oyó y se puso a reír.

No obstante, dejó de hacerlo en cuanto unos violentos golpes empezaron a resonar en el interior de la pared. Janet se asustó. ¿Habría enfadado al demonio hasta el punto de que éste se vengaría de su hija haciéndole daño?

Janet había decidido que la próxima vez que volviera a oír los golpes en la pared, iría en busca de la grabadora, y eso es lo que hizo en aquel momento.

Arrodillándose junto al lugar donde se oían los golpes, Janet puso en marcha la grabadora y después dijo:

—Quiero comunicarme contigo.

—¡Mamá! –dijo Dawn en voz baja.

Dirigiéndose de nuevo al demonio, Janet continuó:

—Da un golpe para decir que sí y dos para decir que no. ¿Lo entiendes?

Dawn fue a sentarse en la cama, asustada y fascinada.

—¿Lo entiendes? –le repitió Janet al demonio.

No obtuvo respuesta.

Janet comprobó la grabadora y, a continuación, mantuvo una conversación de lo más extraña.

—¿Estás aquí para hacernos daño?

Nada.

—No quiere hablar con nosotros –dijo Dawn.

—¿Estás aquí para hacernos daño? –repitió Janet.

Esta vez oyeron un golpe.

Sólo uno.

La respuesta era que sí.

El demonio estaba allí para hacerles daño.

Janet se quedó sin aliento.

—¿Estás aquí para hacerme daño? –preguntó Janet para asegurarse de que el primer golpe había sido una respuesta a su pregunta.

De nuevo se produjo un solo golpe.

Sí.

Janet sabía que su próxima pregunta podía provocar que el demonio se pusiera furioso, ya que estaba a punto de introducir en la conversación el nombre del responsable de la expulsión de Satanás del cielo: el propio Dios.

—¿Crees en Jesucristo? –dijo Janet.

La respuesta fue inmediata y muy violenta.

Los golpes se volvieron tan fuertes e intensos que Janet salió despedida hacia atrás, pasando por encima de la grabadora y arrastrándola con el impulso.

Dawn hundió la cara en la almohada en un intento por amortiguar el abrumador ruido producido por los golpes.

—¡Para! ¡Para! –le pidió Janet al demonio.

Tres o cuatro minutos después, los golpes cesaron.

Lo primero que hizo Janet fue enderezar la grabadora, rebobinar la cinta y reproducirla para comprobar si se había grabado todo el incidente. Por suerte, lo tenía todo grabado.

Se puso de pie y fue a sentarse en la cama junto a Dawn. La rodeó con un brazo y le dijo:

—¿Por qué no has salido corriendo de la habitación, cielo? Sé que estabas muy asustada.

Dawn sonrió.

—Quería estar aquí por si tenía que protegerte.

Janet nunca se había sentido tan orgullosa de su hija como lo estaba en aquel momento.

PROBLEMAS EN LA BAÑERA

Tras terminar sus quehaceres domésticos del día, Janet Smurl decidió darse un baño.

Acababa de meterse en la bañera y de enjabonarse con *Dove*, cuando de repente notó que alguien la estaba observando.

Jamás se había sentido tan desnuda y vulnerable.

Decidió terminar de bañarse. Se enjabonó la cara con cuidado y se la enjuagó rápidamente.

Entonces empezaron los silbidos.

Eran el tipo de silbidos lascivos que las mujeres deben soportar cuando pasan cerca de un grupo de hombres borrachos, insinuantes y amenazadores.

Janet empezó a gritar.

Jack, que estaba leyendo el periódico en la planta baja, subió las escaleras de dos en dos. Cuando abrió de golpe la puerta del cuarto de baño, encontró a Janet acurrucada en una punta de la bañera, temblando.

—¡Está aquí! –dijo ella.

Entonces le contó lo de los silbidos.

—Por favor, quédate conmigo, Jack. Por favor.

—No te preocupes –dijo Jack.

Ed había colgado un crucifijo delante de la puerta del cuarto de baño para mantener seguro el pasillo. Entonces, abrió la puerta completamente para que Janet pudiera ver la cruz desde la bañera.

Se sentó para hacerle compañía mientras terminaba de bañarse.

Mientras se secaba con la toalla, Janet le dijo, abatida:

—Las cosas han empeorado tanto que ahora necesitamos guardaespaldas para darnos un baño.

MUJERES EXTRAÑAS

Agotado tras un largo día de trabajo y por la tensión que dominaba la casa, un viernes por la noche Jack se quedó dormido antes de lo habitual.

Hacia las dos de la madrugada le despertó el sonido de una conversación. Pensó que eran las gemelas, ¿pero a las dos de la mañana?

Cuando levantó la mirada, vio a dos mujeres en la habitación. Una parecía tener unos cuarenta y tantos años, mientras que la otra debía de estar en la veintena. Llevaban puestos unos sombreros anticuados y unos largos vestidos que emitían un resplandor espeluznante, muy similar al que había salido de la pantalla del televisor. Curiosamente, su pelo no tenía ningún color en particular.

Y entonces desaparecieron.

De golpe.

Por la mañana, Jack le contó a Janet la extraña aparición de la que había sido testigo. Ambos coincidieron en que podía tratarse de un sueño inducido por el estrés que estaba sufriendo la familia.

La noche siguiente, sin embargo, volvieron a aparecer las dos mujeres.

Jack las observó mientras permanecían de pie en un sombrío rincón de la habitación. Intentó despertar a Janet, pero no pudo (por entonces ya sabía que estaba bajo los efectos del «sueño psíquico» que permitía al demonio aparecerse ante una persona sin que la otra despertara y así no pudiera corroborar la aparición).

Aquella vez las mujeres empezaron a susurrar entre ellas. En un momento dado, la más joven se volvió hacia Jack y le sonrió. Sus labios adoptaron un rictus sarcástico.

Jack intentó gritar, pero se dio cuenta de que no tenía voz.

Intentó levantarse de la cama, pero descubrió que estaba paralizado.

Intentó despertar a Janet, pero sus esfuerzos resultaron infructuosos.

Permaneció tumbado, observando cómo las mujeres susurraban entre sí, burlándose de él.

Poco después regresaron al armario del que habían salido y desaparecieron.

Incluso tres días después, con todas sus noches, Jack seguía estremeciéndose de forma involuntaria cada vez que pensaba en las dos mujeres y en su extraña y amenazadora presencia.

La llegada del equipo

A principios de febrero, Ed y Lorraine Warren empezaron a llamar a los Smurl prácticamente todos los días. La amenaza del demonio no hacía más que empeorar.

Finalmente, los Warren enviaron a casa de los Smurl a un equipo de investigadores psíquicos para que analizaran la situación de la familia hasta el más mínimo detalle.

Una encapotada mañana de febrero, un sedán de color oscuro se detuvo delante del adosado de los Smurl. A bordo viajaban Jason Kerns y Ricky Munro. Jason era un asesor legal oriundo de Bridgeport, Connecticut, que había ayudado a los Warren en muchos casos paranormales. Ricky era de Huntington y entonces estudiaba demonología con el matrimonio Warren.

Jason: «Tal y como me había advertido Ed, percibí la presencia demoníaca desde el otro lado de la calle. Miré a mi alrededor, las agradables casas a ambos lados de la calle, las estampas cotidianas de niños enfundados en voluminosos abrigos jugando detrás de montículos de nieve y de perros y gatos persiguiéndose por las gélidas aceras, y, como siempre, me sorprendió que en un lugar tan normal como aquél Satanás encuentre siempre el modo de colarse en la vida de las personas».

◆ ◆ ◆

Después de conocer a Janet, Jack y las chicas, Jason y Ricky se dispusieron a instalar las grabadoras en el pasillo del piso de arriba, examinaron los «puntos de entrada» que los espíritus utilizaban para pasar de un adosado al otro y entrevistaron a todos los miembros de la familia Smurl.

—Quiero deciros algo antes de empezar –dijo Jason cuando toda la familia se reunió en la sala de estar–. De entrada, voy a suponer que no me estáis diciendo la verdad.

—¿*Cómo?* –dijo Janet bastante sorprendida e insultada.

—Vais a tener que *demostrarme* que vuestra casa está infestada.

—¿Pero por qué?

—Porque mucha gente lo hace para llamar la atención o gastar una broma.

—Pero después de todo lo que hemos pasado… –se quejó Janet.

Jason levantó una mano.

—Me han contado lo que os ha sucedido, pero aún no he visto ninguna prueba.

—Espera un momento… –intervino Jack.

—Ponte en mi lugar, Jack –le interrumpió Jason–. Soy un investigador psíquico con experiencia. Si aceptara automáticamente lo que me dice la gente, ¿crees que estaría haciendo bien mi trabajo?

—Los Warren nos advirtieron que nos haríais algunas preguntas difíciles –dijo Janet riendo y aliviando parte de la tensión que se había ido acumulando en la habitación–. Ahora sé que no bromeaban.

◆ ◆ ◆

Durante las siguientes horas, los Smurl revivieron toda la experiencia, aunque como admitió Janet: «No estamos seguros de cuándo empezó exactamente. Supongo que, oficialmente, podríamos decir que empezó el día que Mary y yo vimos la forma oscura».

A continuación, los Smurl describieron con todo lujo de detalle los episodios principales: los ruidos, los olores, los susurros y las apariciones de las que habían sido testigos, y terminaron con la aparición de las dos extrañas mujeres en el dormitorio del matrimonio.

—¿No encontrasteis nada por la mañana? –le preguntó Jason a Jack.

—¿Qué se supone que debíamos encontrar?

—Alguna evidencia.

—¿Como qué?

—No sé, un botón o tal vez un mechón de cabello de ese color tan extraño.

—No.

—¿Y estás seguro de que no fue un sueño?

—Vale, espera un momento…

Janet le dio unas ligeras palmaditas a su marido en la mano para calmarlo.

—Sé que no fue un sueño. Las mujeres eran demasiado reales. Todo fue muy real.

Jason asintió y tomó algunas notas en el grueso cuaderno que mantenía abierto sobre su regazo.

Ricky: «Jason les estaba haciendo preguntas sobre las dos mujeres cuando oí los primeros golpes. Fue increíble, y realmente aterrador. Aunque llevaba algún tiempo estudiando demonología con los Warren, nunca antes había tenido una experiencia como aquélla. Fue como si el aire de la habitación se congelara. Jason corrió escaleras arriba para asegurarse de que las grabadoras estaban funcionando correctamente y así disponer de una prueba sonora de los golpes».

Los violentos golpes se prolongaron durante más de una hora y se oyeron en todas las habitaciones de la casa, como si los espíritus hubieran entrado en una especie de frenesí.

Jason: «Para entonces no me cabía ninguna duda de a qué nos enfrentábamos: a una infestación demoníaca. Nos pasamos toda la noche escuchando, grabando y catalogando diversos incidentes asociados con el mundo sobrenatural, desde grabaciones en las que se escuchaban los golpes en las paredes hasta olores que aparecían sólo en determinados puntos de la casa. Cada cinco minutos añadíamos una entrada en nuestro diario.

Por la mañana, todos estábamos agotados. Janet preparó un magnífico desayuno de huevos, salchichas y tostadas y después volvimos a Connecticut para hablar con los Warren. Disponíamos de varias cintas que creíamos que demostraban de forma concluyente la presencia de un demonio en la casa».

En el siguiente viaje, Brad Petersen, otro miembro del equipo, acompañó a Ricky.

Brad entrevistó a Shelley Adams y a sus padres, los cuales vivían al otro lado de la calle, y después retomó la entrevista con los Smurl donde la había dejado Jason. Les preguntó si creían en los fantasmas, si tenían alguna afiliación religiosa poco habitual o si habían hecho algo que pudiera haber invitado al demonio a entrar en la casa.

En mitad de la visita de Brad se reanudaron los golpes.

Brad: «Por mucho que intentes describírselo a otras personas, cuesta mucho imaginar qué se siente. Estás de pie observando una pared lisa y, de repente, el sonido brota de su interior, como si alguien estuviera recorriendo de arriba abajo la pared, alguien invisible. Sientes escalofríos. De verdad.

»Pero los golpes no era lo único que me preocupaba. También me afectó mucho el aspecto de todos los miembros de la familia. Soy paramédico, por lo que trato a muchas personas en circunstancias muy estresantes. Por el modo en que se comportaban los Smurl, supe que estaban llegando a su límite. Comprendí que íbamos tener que involucrarnos todos, es decir, todo el equipo que trabajaba con los Warren».

◆ ◆ ◆

Al día siguiente, después de una larga reunión matutina, Ed y Lorraine Warren tomaron dos decisiones: una, visitar la casa de los Smurl por segunda vez, y dos, pedir la colaboración de otros expertos.

Entre las personas que seleccionaron había un médico forense de Connecticut, Jeff Newton, que había trabajado durante diecinueve años en el Departamento de Policía de Hartford, Connecticut; Brady Cotter, un estadístico que trabajaba para una gran empresa de *marketing* y Chris McKenna, el nieto del matrimonio Warren, que está licenciado en Psicología. Durante los meses siguientes, todos ellos desempeñaron un papel fundamental en la tarea de expulsar a los espíritus del adosado de la calle West Chase.

Por el momento, sin embargo, se requería de la presencia de los Warren, de modo que, un soleado día de marzo, volvieron a hacer el viaje de cuatro horas hasta la casa de los Smurl. Por entonces, sabían muchas más cosas sobre la naturaleza de la infestación.

Por desgracia, casi todas las noticias que tenían para los Smurl eran malas.

EL APRENDIZ DE DEMONÓLOGO

Lo curioso es que, de niño, nunca se sintió atraído por los cómics, las películas o los libros sobre ocultismo. Fue un estudiante de sobresalientes que prefería la historia al inglés y las matemáticas a la música, uno de esos jóvenes «sensatos» que está sólo a un paso de que los demás lo consideren un «friki». Hoy en día se ríe:

«Tenía todas las características habituales del típico adolescente: las espinillas, la ropa arrugada, la ansiedad cuando estaba cerca de chicas guapas, la indecisión sobre mi futuro. Pero, por encima de todo, era un chico "realista". Mi padres siempre me elogiaron por eso; a los once años ya tenía un trabajo de media jornada en una pequeña tienda de comestibles y, desde entonces, no he dejado de trabajar ni un solo día. Siempre fui muy cuidadoso con las cosas que me compraban (la bicicleta que me regalaron para mi décimo cumpleaños sigue estando tan nueva como aquel día de Navidad de hace quince años). Además, siempre era puntual y siempre les decía lo que iba a hacer. Prácticamente la única "noche de farra" que tuve en el instituto fue cuando un amigo mío y yo cogimos cuatro latas de Budweiser de la nevera de su padre y nos las bebimos sentados en el garaje.

Aquello sucedió en la época en que la mayoría de los chicos de nuestra edad fumaban marihuana o tomaban LSD. Este tipo de conservadurismo se prolongó durante mis años universitarios. Decidí que quería ser ingeniero, una profesión agradable, segura, prudente y empírica. No era religioso y cuando alguien mencionaba algún fenómeno extraño, y con eso quiero decir desde demonios a ovnis, me ponía a reír con mi risa de ingeniero y lo desestimaba. Recuerdo que una vez vi a uno de mis mayores ídolos, Arthur C. Clarke, en la televisión preguntándose abiertamente por qué los ovnis, por ejemplo, nunca aterrizan donde puedan verlos muchas personas. Después pasó a refutar, para mi satisfacción, todos los incidentes famosos de avistamientos de platillos volantes».

Durante su etapa en la universidad, Donald siguió siendo tan escéptico como lo había sido hasta entonces. Cuando se licenció, descubrió que el mercado laboral era más reducido de lo que había imaginado. Pese a todas las horas que dedicó a realizar entrevistas de trabajo, continuaba desempleado.

«Fue muy deprimente. Ni siquiera podía conseguir un trabajo de nivel bajo. Estábamos justo en mitad de una gran recesión. Aceptaba cualquier cosa, normalmente trabajos de un solo día que me facilitaba la oficina estatal de empleo. Vivía en casa de mis padres, por supuesto, porque no podía permitirme el lujo de tener mi propio apartamento».

Un frío viernes por la noche del mes de noviembre, aburrido y deprimido porque se acercaba su cumpleaños y aún no tenía perspectivas de encontrar un buen empleo, Donald fue al cine Regal, una reliquia de la época en que se construían cines que parecían palacios, para ver la película *Terror en Amityville*.

Donald: «Normalmente, no habría elegido una película como ésa. Para pasármelo bien, prefería a Clint Eastwood o Charles Bronson. Aún no me interesaban ni el horror ni los temas paranormales. Ni siquiera me gustaba la ciencia ficción. Pero aquel viernes por la noche necesitaba salir de casa porque me había pasado el día descargando cajas en un almacén de gangas y *Terror en Amityville* era la única película que parecía remotamente interesante. Había leído algo sobre el incidente y supongo que por eso me sentía un poco intrigado».

Lo extraño es, como Donald recordó posteriormente, que la película no le gustó demasiado; las interpretaciones eran exageradas y en algunos momentos el guion no tenía mucha lógica. Sin embargo: «Despertó algo en mi interior. Por primera vez me pregunté si el escepticismo que sentía por los fenómenos paranormales no sería un poco exagerado. Tal vez había cerrado los ojos a toda una realidad».

El lunes, cuando acudió a la oficina estatal de empleo, ni siquiera tenían un trabajo de un solo día para él. Hacía muchísimo frío y, ante la perspectiva de esperar veinticinco minutos en la parada al siguiente autobús, Donald recorrió las dos calles que le separaban de la biblioteca y, como era habitual en él, fue directamente a la sección de no ficción.

Por lo general, las lecturas de Donald se reducían a libros de astronomía o debates actuales sobre temas científicos.

Con *Terror en Amityville* aún fresca en su mente, aquel día Donald decidió coger un grueso y nuevo volumen titulado *Misterios,* de Colin Wilson, y lo abrió al azar. El primer párrafo que leyó pertenecía a la página 486: «Pero desde que el doctor Rhodes Buchanan empezó a comprobar en la década de 1840 si los alumnos de la Facultad de Medicina de Cincinnati tenían poderes psicométricos, los investigadores modernos se han dado cuenta de que dichos poderes son más comunes de lo que pensamos. […] Los incidentes *poltergeist* están a la orden del día; investigadores como Hans Bender y William Roll han estudiado cientos de ellos».

Donald se pasó las siguientes seis horas en la biblioteca, apenas consciente de que la tarde daba paso a la noche, estudiando minuciosamente cada palabra del autor sobre el tema de la actividad paranormal y el ocultismo.

De forma espontánea, y hasta cierto punto incluso enfrentándose a su instinto, Donald Bennett se convirtió aquella tarde en un demonólogo en ciernes.

Lorraine relata algunos hechos
perturbadores

—Por favor, no os asustéis con lo que vamos a explicaros —le dijo Lorraine a los Smurl cuando se reunieron con ellos la tarde siguiente en la sala de estar. Abrió un cuaderno de piel de grandes dimensiones y empezó a leer.

En resumidas cuentas, les dijo que la investigación revelaba que el adosado mostraba todas las señales clásicas de las infestaciones demoníacas salvo una.

—Sois una familia muy sólida, y eso es precisamente lo que distingue este caso de los demás. Pero también es lo que me hace tener esperanzas de poder solucionar vuestros problemas. Afortunadamente, disponéis de las reservas espirituales necesarias para hacerles frente.

A continuación, pasó a enumerar los incidentes que los Smurl habían detallado al equipo investigador como prueba adicional de la infestación y, finalmente, se detuvo en la aparición de la forma oscura.

—Se trata del demonio. Nunca permanece erecto, siempre camina encorvado, incluso cuando se detiene, y puede aparecer de la nada. Puede desaparecer en un armario, una pared o en cualquier otro lugar que desee. También es capaz de provocar un estado de hipnosis telepática muy potente en la mente humana. —Asintió mientras miraba a Ed—. Una vez conocimos a una mujer que aseguraba haber visto cómo la habitación en la que estaba empezaba a arder y terminaba explotando. Aunque, naturalmente, en realidad no sucedió nada de todo eso. Era sólo el demonio jugando con su mente y tratando de confundirla. El demonio cuenta con eso, con su poder para confundir a las personas. Es su arma más poderosa.

Lorraine continuó explicándoles que los espíritus vagan por la tierra porque no han aceptado la muerte de sus cuerpos físicos. Aunque la gran mayoría de los espíritus son inofensivos, «pueden ser manipulados por demonios, como ocurre aquí, y convertirse en seres malévolos».

Janet preguntó entonces por los objetos que habían desaparecido de la casa: ropa, libros, maquillaje, joyas y un rosario.

Ed les explicó que aquel tipo de incidente era muy habitual en las infestaciones, otra forma mediante la cual el demonio confundía a la gente e incomodaba a la familia.

—¿Recuerdas que nos contaste que Dawn y Shannon empezaron a discutir porque Dawn pensaba que Shannon le había cogido algo suyo? –dijo Ed–. Ése es un buen ejemplo de lo que le gusta hacer al demonio.

Mientras hablaban, Lorraine miró por la ventana y vio un autobús escolar de color amarillo circulando por la calle.

—Me gustaría terminar con esto antes de que lleguen las chicas, así que seré breve. –Señaló su cuaderno–. He revisado las notas que tomó el equipo y he de deciros que el demonio es peor de lo que sospechábamos.

Hizo una pausa mientras Janet apoyaba la cabeza entre las manos y la movía de un lado a otro. Era obvio que estaba muy cansada y molesta, pero Lorraine estaba acostumbrada a ver aquel tipo de emociones reflejadas en los rostros demacrados de las víctimas de una infestación.

—Y esta mañana he tenido una experiencia de primera mano con el demonio –dijo Lorraine.

Janet levantó la cabeza como movida por un resorte.

—¿En serio?

—Por desgracia, sí. Justo antes de llegar, he subido al primer piso y he paseado por las habitaciones de las chicas. Cuando me he acercado a la cama de Dawn, he oído unos arañazos en la ventana. Parecía como si algo estuviera arañando el cristal frenéticamente. Cuando he mirado hacia la ventana, he visto a la forma oscura de pie en el exterior, mirando hacia el interior de la casa. Ha sido aterrador.

Ed intervino para tratar de tranquilizar a los Smurl:

—Hemos encontrado a un sacerdote que está dispuesto a bendecir la casa.

—¿Un sacerdote? ¿De verdad? –Janet sonrió por primera vez aquel día.

Ed frunció el ceño.

—Ya que no parecías tener mucha suerte con la Iglesia, decidimos intentarlo nosotros.

—Esperemos que sirva de algo –dijo Lorraine.

◆ ◆ ◆

El sacerdote llegó sin demora, a las seis de la tarde.

Era un hombre tranquilo y educado. A Janet le gustó enseguida, pese a mostrarse bastante aprensivo y a que sus miradas furtivas, tanto a Jack como a ella misma, le hicieron sentirse como una especie de monstruo.

¿Le habrían contado historias sobre ellos?

¿Se estaría corriendo la voz de que la familia estaba loca?

En cuanto terminó con sus rituales, el sacerdote les deseó una buena noche y se marchó.

—Ha oído algo sobre nosotros, ¿verdad? –le preguntó Janet a Ed una vez que el sacerdote se hubo ido.

A Ed le incomodó la pregunta, pues era consciente de sus implicaciones.

—Es posible que sólo estuviera nervioso.

—La gente está empezando a hablar de nosotros, ¿verdad? –insistió Janet.

Ed suspiró.

—Seguramente. En cuanto empieza a correr la voz, la gente cuenta chismorreos.

—Y el sacerdote ha escuchado algunos de esos chismes.

Lorraine suspiró.

—Es posible que tenga razón, Ed. Tal vez haya corrido la voz por el vecindario.

—Un sacerdote –dijo Janet–. Pensaba que, más que nadie, él estaría dispuesto a ayudarnos. –Volvió a pensar en cómo su Iglesia, la Iglesia a la que pertenecía desde su bautismo, la había abandonado.

Se excusó y fue a la cocina, donde empezó a llorar en silencio.

◆ ◆ ◆

Por la noche fueron todos juntos a cenar a un restaurante de la localidad. Las chicas aprovecharon la ocasión para pedir sus platos favoritos: batido de malta, hamburguesa con queso y patatas fritas. Janet se alegró al ver que, incluso en mitad de toda aquella locura, sus hijas no habían perdido el apetito. Después regresaron a casa, donde Ed iba a realizar un ritual extremadamente peligroso, el de la provocación religiosa.

En aquel momento no podían llegar a imaginar lo peligroso que terminaría siendo.

ED WARREN

Después de cenar, subí al dormitorio de Janet y Jack con la intención de obligar al demonio a que se mostrara ante mí mediante un ritual denominado provocación religiosa.

Consiste en lo siguiente: tras invocar el nombre de Jesucristo y su sangre divina, se ordena al demonio que se muestre y abandone la casa.

Anteriormente, habíamos tenido bastante éxito con este ritual y confiaba en que también resultara útil aquella noche. Sin embargo, nada más entrar en el dormitorio, noté cómo descendía la temperatura, como si una presencia estuviera, literalmente, absorbiendo el calor del aire. Sobre la cama vi la colcha que Janet había encontrado hecha jirones una mañana.

Recorrí la habitación y me detuve frente al armario, el lugar donde sabía que residían los espíritus y que utilizaban para pasar de una parte a la otra del adosado.

Entonces noté una abrumadora sensación difícil de describir. ¿Alguna vez alguien te ha acercado a la nariz un frasco de alcanfor y has experimentado una sensación de aturdimiento, como si te hubieran no-queado?

Pues eso es lo que sentí en aquel momento.

Por desgracia, las cosas no hicieron más que empeorar. Cuando empecé a recitar una oración en voz alta, unos dedos invisibles me rodearon la garganta y empezaron a asfixiarme.

Era la primera vez que intentaban estrangularme. La sensación fue indescriptible, magnificada por el hecho de que era incapaz de ver a mi agresor. Me ardían los pulmones y la sangre me subió a la cabeza. Tenía mucho calor, estaba mareado y no podía respirar.

Cuando estábamos investigando los incidentes en Amityville, tuve una experiencia en la que noté como si alguien me pusiera un trapo caliente y húmedo en la cara. Aquello era mucho peor. Agité las manos delante de mí como un animal.

Comprendí que, para salvarme, debía recurrir a lo que se conoce como resistencia religiosa. Aunque se trata de algo muy difícil de hacer cuando te están agrediendo, era mi única esperanza.

Con sumo cuidado, visualicé la luz blanca de Jesucristo envolviéndome completamente. Imaginé mi cuerpo brillando con aquel escudo protector, con el amor de Dios.

Lentamente, y a pesar de estar tendido de espaldas sobre la cama, noté cómo los dedos invisibles que me atenazaban la garganta se aflojaban ligeramente.

En aquel momento, uno de mis ayudantes, Jeff Newton, entró en el dormitorio y vio lo que estaba pasando. Empezó a rezar conmigo y la presión en mi garganta cedió un poco más. Poco después, pude incorporarme y volver a respirar con normalidad.

Jeff me hizo muchas preguntas sobre lo que había sucedido y los dos estuvimos de acuerdo en que la infestación de la casa de los Smurl era probablemente la peor que habíamos visto nunca.

Lo que sucedió después corroboró nuestras peores sospechas.

A pesar de que el demonio había intentado estrangularme, decidí continuar con la provocación religiosa en el resto de las habitaciones con la esperanza que, de ese modo, los Smurl pudieran tener algo de paz.

Me detuve en mitad del pasillo para recuperar los sentidos, la fuerza y el coraje, todavía conmocionado por la experiencia cercana a la muerte que acababa de vivir.

Como no tardaría en descubrir, el crucifijo que sostenía en una mano demostró ser muy útil.

El siguiente dormitorio estaba en penumbra. Las camas estaban hechas, la ropa pulcramente guardada en el armario y las estanterías llenas de libros, discos y objetos escolares.

Había empezado a rezar cuando noté un frío súbito recorriendo la habitación como si se tratara de una nube invisible. En menos tiempo del que se tarda en rezar tres avemarías, la temperatura ambiente se desplomó al menos treinta grados. Pese a que estaba empezando a congelarme, continué exigiendo al demonio que abandonara la casa.

Obviamente, éste no respondió positivamente a mis demandas. Un hilo plateado y fino como la seda empezó a formarse en el espejo ornamentado situado sobre la cómoda.

Aturdido, observé como el hilo formaba letras en la superficie del espejo, primero una T y luego una U.

Aunque seguía tiritando debido al frío intenso, no podía dejar de mirar con fascinación cómo se completaba el abyecto mensaje. Llevaba más de cuarenta años investigando infestaciones demoníacas, pero nunca había visto nada parecido.

El mensaje se completó.

Decía lo siguiente: «Tú debes largarte de la casa, sucio cabrón».

Un hedor insufrible me inundó las fosas nasales.

La temperatura descendió aún más y sentí una peligrosa parálisis extendiéndose por mi cuerpo. A los demonios les gusta inmovilizar a la gente; de ese modo les resulta mucho más fácil llevar a cabo sus triquiñuelas.

Entonces recordé el crucifijo que sostenía en la mano. Lo levanté y, dirigiéndolo hacia el espejo, le ordené al demonio que se marchara. Al principio el mensaje permaneció intacto, pero a medida que gritaba el nombre de Cristo, la escritura en forma de telaraña se fue disolviendo.

Finalmente, el material parecido a un hilo se fundió del todo, como si estuviera hecho de nieve expuesta a la reluciente luz del sol.

El hedor desapareció de la habitación.

La temperatura de mi cuerpo empezó a normalizarse.

Aunque me gustaría poder decir que me sentí como si acabara de ganar una batalla, lo cierto es que no fue así.

Entonces, sintiéndome culpable, bajé la mirada hasta el crucifijo que sostenía en la mano. Pensé en Jesucristo, en su sufrimiento. ¿Qué era mi pequeño calvario comparado con el suyo?

Mi rostro se iluminó con una sonrisa cuando volví a mirar el espejo donde había aparecido el mensaje.

Debía aprender del ejemplo de Jesús, quien me había ayudado a ser más valiente. No debía tener miedo.

Armado con una nueva determinación, y tras comprobar el último dormitorio, bajé a la planta baja para ver qué hacían los demás.

EL APRENDIZ DE DEMONÓLOGO

Al mismo tiempo que Janet y Jack Smurl vivían los primeros incidentes aterradores de la infestación demoníaca, Donald Bennett había empezado a buscar a personas serias que tuvieran experiencia con el mundo sobrenatural.

Aunque se pasaba el día intentando encontrar algún trabajo donde pudiera aplicar sus conocimientos de ingeniería, seguía yendo a la biblioteca siempre que podía para consultar libros y periódicos que databan incluso del siglo XIX.

Al ser un chico inteligente y saludablemente escéptico, Donald no tardó en descubrir que había una gran diferencia entre los auténticos estudiantes de ocultismo y aquellos que simplemente buscaban emoción o popularidad.

Donald se pasaba horas en su cuarto, cuyas paredes estaban cubiertas de pósteres del grupo de rock Heart («Confía en tu escote», había comentado alguien para explicar el éxito del grupo), comiendo Fritos, bebiendo Pepsi Light y estudiando detenidamente los libros que había sacado de la biblioteca.

A veces, cuando el gélido viento invernal azotaba las ventanas pasada la medianoche, oía chirridos en la casa que antes no había notado. En momentos como aquél le invadía una siniestra sensación y dejaba de leer el libro, el corazón le latía con fuerza y comprendía que, a pesar de su escepticismo profundamente arraigado, estaba muy asustado.

En una ocasión, cuando el miedo lo embargó súbitamente, rompió el hechizo preguntándose cómo se sentirían sus padres si a los veintitrés años su hijo entraba en su dormitorio y les preguntaba si podía dormir con ellos. La imagen era tan ridículamente graciosa que dejó el libro, se tomó un descanso, bajó a la cocina para comerse un bocadillo y luego fue a la sala de estar para ver una de las pocas películas de ciencia ficción que le gustaban, *Vinieron del espacio,* una historia especialmente convincente sobre una invasión alienígena escrita por Ray Bradbury y dirigida por el gran Jack Arnold.

Así era su vida en aquella época: una inútil entrevista de trabajo tras otra (cada vez enviaba más lejos el currículo, incluso tan al oeste como Chicago) y horas interminables en la biblioteca o en su cuarto leyendo libros de temática paranormal y ocultista.

En una revista encontró el nombre de un grupo de aficionados de lo paranormal de la localidad que se reunían tres veces al mes. La semana anterior al encuentro estuvo tan emocionado como lo había estado en su primera (y, por desgracia, también última) cita con Cheryl Miller. Sin embargo, al acudir a él, descubrió que el grupo estaba compuesto por personas a quien su padre hubiera descrito con el apelativo de «chiflados». Parecía como si todos los integrantes del grupo hubieran sido secuestrados al menos una vez por extraterrestres y varios parecían tener billete de vuelta a su planeta del sistema solar. Incluso si eran sinceros, a Donald sus historias (juzgadas a la luz de su escepticismo) le resultaban imposibles de creer.

No obstante, en el transcurso de los últimos meses, él mismo se estaba convirtiendo en una especie de extraterrestre. La falta de trabajo no le sienta demasiado bien a nuestra autoestima, y la rutina de rellenar solicitudes de empleo resulta no sólo degradante, sino también agotadora.

En sus oraciones nocturnas (nunca había dejado de rezar, pese a no creer en una deidad tal y como era representada por la religión organizada) pedía un empleo, una novia, buena salud para sus padres y alguna señal que le indicara que su repentino interés por el ocultismo no era simplemente una aberración provocada por el estrés de no ser capaz de encontrar trabajo.

Unas semanas más tarde, al menos una de sus peticiones obtuvo respuesta. En una biblioteca que visitaba por primera vez encontró un ejemplar en tapa dura de un libro titulado *El demonólogo*.

Aquel libro que sostenía entre sus manos iba a cambiar la vida de Donald Bennett de un modo que no podía llegar a imaginar en aquel momento.

EXTRAÑAS PICADURAS

Tras la aterradora experiencia en el dormitorio, Ed descubrió que su equipo también había tenido un incidente similar. Brady Cotter, que llevaba material de vídeo al hombro, había notado cómo una fuerza que no podía ver ni explicar le zarandeaba por los hombros, primero en una dirección y después en la otra.

Brady también tuvo la sensación de que el aire de la habitación se cargaba de electricidad y se le erizaba el vello de los brazos.

Chris McKenna, un experto demonólogo, supo inmediatamente lo que estaba pasando. «Uno de los espíritus te está absorbiendo la energía. Eres como una batería para él».

Lorraine, que había llegado a la habitación, empezó a rezar por Brady y, poco después, la sensación de electricidad abandonaba su cuerpo.

◆ ◆ ◆

Eran unas picaduras muy extrañas.

Se las habían hecho a Jack Smurl unos días antes mientras se duchaba.

Al principio pensó que había entrado una avispa en el cuarto de baño, pero entonces recordó en qué mes estaban. ¿Avispas en febrero?

La siguiente picadura fue tan fuerte que Jack gritó de dolor.

En aquel momento, Chris McKenna estaba sacando fotografías de una de las picaduras que tenía en la oreja.

«Cuando bajó del cuarto de baño –le explicó Janet–, tenía toda la oreja izquierda inflamada».

Ed Warren, mientras observaba a Chris hacer fotografías para analizarlas más tarde, dijo:

—¿Cuántas marcas tiene?

—Tres –dijo Janet.

—Se está burlando de la Trinidad –dijo Ed–. El número tres es siempre un símbolo de burla.

—¿Desaparecerán? –preguntó Janet, preocupada de que las picaduras pudieran infectarse.

—Estoy seguro de que sí –le aseguró Ed–, si seguimos rezando.

Pocos días después, las marcas de las picaduras desaparecieron completamente. No obstante, aquélla fue una de las pocas buenas noticias que los Smurl recibirían aquella semana. Simon, su amado perro, sufrió un incidente de levitación; el animal se asustó tanto que Janet y Jack llegaron a preguntarse si los perros podían volverse locos. Además, Mary Smurl volvió a ver la extraña forma oscura y transparente en su dormitorio; estaba de pie en la puerta, como si la estuviera convocando para algún terrible destino.

LORRAINE WARREN

A principios de primavera, cuando nuestro nieto, Chris McKenna, regresó de visitar a los Smurl, él, Ed y yo nos reunimos para evaluar en profundidad la situación en la casa. Lo analizamos todo, desde los golpes demoníacos que convertían las noches en un infierno hasta los efectos psicológicos de la infestación sobre la familia. Chris nos aseguró que eran unas personas increíblemente fuertes.

Había un aspecto de la situación que encajaba a la perfección con el esquema clásico: los espíritus demoníacos suelen sentirse atraídos por las casas donde hay niñas que se encuentran en la pubertad. Los espíritus se nutren de la energía que emiten las chicas a esa edad; su nivel emocional es muy alto, lo que las convierte en un polo de atracción para los espíritus.

Lo que no encajaba en el patrón habitual era el hecho de que los Smurl fueran una familia feliz y religiosa. A decir verdad, la mayoría de las familias que investigamos, por no decir todas, no son ni felices ni religiosas. Normalmente encontramos problemas tales como consumo de drogas o alcohol, adulterio e incluso, de vez en cuando, abuso infantil. Cada uno de estos problemas es una puerta de entrada ideal que aprovechan los espíritus demoníacos.

Sin embargo, en este caso teníamos a uno de los demonios más diabólicos que habíamos visto (creedme, cuando un demonio arranca una lámpara del techo y está a punto de matar a una niña con ella significa que nos enfrentamos a una forma extrema de infestación) en la casa de una familia que no lo había invitado a través de rituales ocultistas ni debido a unas costumbres pecaminosas. Y entonces disponíamos de muchas evidencias que lo demostraban.

Tanto Chris como el resto de los miembros del equipo habían pasado largas noches, fines de semana enteros y horas interminables entrevistando, evaluando, fotografiando y grabando tanto a los miembros de la familia como los fenómenos extraños.

Sin lugar a dudas, una de las revelaciones más inquietantes que nos hizo Chris aquella tarde de primavera que dedicamos a evaluar la situación fue una historia que le había contado Jack.

Simon, el perro de la familia, había desaparecido justo delante de Janet y, poco después, había regresado a la existencia terrenal entre aullidos.

Resulta difícil de imaginar el terrible impacto que una experiencia como ésa debió de haber tenido para una mujer tan sensible como Janet.

Pero por terrible que fuera la momentánea desaparición de Simon, es probable que no fuera nada comparado con el impacto sobre la salud mental de la familia provocado por los golpes constantes en la pared, las puertas que se abrían y cerraban solas y los susurros de los espíritus. Dado que nuestro equipo de investigación lleva a cabo un minucioso registro con entradas cada cinco minutos, podemos establecer con una gran precisión el nivel exacto de la infestación durante largos períodos de tiempo.

A partir de las notas del equipo y de la precisa evaluación que hizo Chris de la situación, decidimos que había llegado el momento de llevar a cabo un exorcismo integral en casa de la familia Smurl.

Dos incidentes especialmente graves nos hicieron desear haber tomado antes esa decisión.

Violado por un súcubo

P: Jack, ¿podrías describir qué sucedió la noche del 21 de junio?

R: Lo más curioso es que las cosas habían estado bastante tranquilas durante dos o tres días. Vimos una película en la tele, acostamos a las niñas, tomamos un poco de limonada y después subimos al primer piso para meternos en la cama.

P: ¿Cómo te diste cuenta de que pasaba algo?

R: Supongo que por la forma en que me desperté.

P: ¿Había algo fuera de lo normal?

R: Sí, era como si me hubieran…, eh, arrojado por un precipicio o algo así. Ya sabes, como si algo violento me hubiera despertado.

P: ¿Puedes describir lo que viste?

R: Al principio no vi nada. Sólo sentí un pánico terrible; no estaba seguro de si estaba teniendo una pesadilla o no.

P: ¿Cómo supiste que no estabas soñando?

R: Por las escamas de la mujer.

P: *[Pausa]* Escamas. ¿Te refieres a escamas de serpiente?

R: Sí.

P: Has dicho «la mujer». ¿Era una mujer con escamas?

R: Sí.

P: ¿Podrías describirla?

R: *[Pausa en la grabación]* Para serte sincero, no me gusta mucho pensar en ella. *[Otra pausa]* Tenía la piel blanca como el papel, pero en algunas partes estaba recubierta con esa capa escamosa que he mencionado antes. En otras partes del cuerpo tenía llagas abiertas, como las que deben de tener los leprosos o algo así. De las llagas supuraba pus.

P: ¿Qué edad tenía?

R: Creo que unos sesenta y cinco o setenta años. No estoy seguro.

P: ¿Viste algo más de su aspecto físico?

R: Tenía el pelo largo, blanco y desaliñado, los ojos de un color rojo intenso y el interior de la boca y las encías eran verdes. Aunque le faltaban muchos dientes, los pocos que tenía eran muy largos, como de vampiro.

P: ¿Cómo era su cuerpo?

R: Eso era lo más raro. Tenía un cuerpo firme, sabes, como el de una mujer más joven.

P: ¿Qué te hizo?

R: *[Una pausa prolongada]* Me paralizó, no sé muy bien cómo. La vi avanzar desde las sombras hacia la cama y, aunque sabía lo que iba a hacer, no pude hacer nada por detenerla.

P: ¿Y después?

R: Se subió encima de mí, adoptando la posición dominante, y empezó a montarme. No puedo describirlo de otro modo.

P: ¿Fue placentero?

R: No, no. De hecho, no recuerdo haber sentido nada en absoluto, aparte de pánico y un terror paralizante.

P: ¿Qué hacía Janet mientras tanto?

R: Sólo después de estar un rato despierto me di cuenta de que Janet se había ido a dormir al sofá, en la planta baja. En los meses más calurosos lo hace habitualmente.

P: ¿Y el súcubo? ¿Qué hacía?

R: Alcanzó el clímax sexual. Se limitaba a mirarme y sonreír, mostrándome aquellos dientes de pesadilla. Traté de apartar la mirada, pero algo me forzaba a mantener los ojos fijos en ella. Sabía cuándo tenía un orgasmo porque daba saltitos y su sonrisa se hacía más amplia.

P: ¿Tenía orgasmos?

R: Sí, lo sabía por la expresión de su cara y sus movimientos.

P: ¿Y qué pasó después?

R: Que desapareció.

P: ¿De golpe?

R: Sí, de golpe. Simplemente se desvaneció. Fue entonces cuando me di cuenta de que estaba cubierto de una sustancia pegajosa.

P: ¿Qué tipo de sustancia?

R: No estoy seguro. Su textura se parecía a la del semen y había salido de la vagina de la criatura. Y, además, yo estaba completamente dolorido.

P: ¿Dolorido?

R: Sí, como si me hubiera pasado horas teniendo relaciones sexuales, aunque, en realidad, sólo fueron unos minutos. Después empecé a preguntarme si no me habría quedado inconsciente o algo así porque, como te he dicho, me dolían muchísimo los genitales.

P: ¿Tienes alguna idea de lo que te pasó?

R: Llamé a Ed Warren por la mañana y me contó todo lo que sabía acerca de los súcubos. Al parecer, no tienen género, pero a los demonios que violan a un hombre se los llama súcubos y los que violan a una mujer, íncubos.

P: ¿Qué pasó después?

R: Fui al cuarto de baño y me miré en el espejo. El fluido que me cubría el cuerpo tenía un olor acre. Me di una ducha para sacármelo de encima lo antes posible. Tuve que fregarme la piel muy fuerte. Después bajé a la planta baja para contarle a Janet lo que me había sucedido.

P: ¿Cuál fue su reacción?

R: Se puso a llorar y me dijo que haría todo lo posible para conseguir que la Iglesia se involucrara en nuestro caso y nos ayudara a resolverlo. Dijo que lo primero que iba a hacer por la mañana era llamar a la oficina de la diócesis. *[Pausa]* Pero después sucedió algo aún más extraño.

P: ¿El qué?

R: A la mañana siguiente, durante el desayuno, mi hija Dawn aseguró haber tenido un sueño en el que una mujer horrible y monstruosa me atacaba. *[Pausa]* Vio a la bruja desdentada y con llagas supurantes por todo su cuerpo teniendo sexo conmigo. Lo extraño es que no les había contado nada a las niñas sobre el ataque. Dawn no podía saber nada sobre la violación salvo a través de su pesadilla. Aquello nos sorprendió y nos molestó muchísimo, tanto a Janet como a mí. Hizo que la llamada que pretendía hacer Janet a la oficina de la diócesis fuera aún más urgente.

P: ¿Les llamó?

R: Sí, al día siguiente.

P: ¿Se mostraron cooperativos?

R: No. Terminó siendo una experiencia tan aterradora como el propio súcubo.

Una llamada telefónica prometedora

La Iglesia Católica es un sistema burocrático en el sentido más estricto de la palabra. El poder se delega en diferentes niveles; el centro de éste lo ocupa el Vaticano y se extiende hasta alcanzar, literalmente, todos los rincones del planeta.

Después del incidente del súcubo, que vino a demostrar tanto a los Smurl como a los Warren que el demonio estaba aumentando la violencia de sus ataques, Janet Smurl decidió hacer todo lo posible por involucrar directamente a la Iglesia en la infestación.

Janet: «Supongo que estaba un poco enojada cuando llamé por la mañana. Pese a ser una devota católica toda mi vida, la Iglesia no nos estaba ayudando en nada. –Janet sonríe–. No suelo enfadarme con facilidad, pero cuando me sacan de mis casillas, me pongo bastante borde».

Si era necesario, Janet estaba dispuesta a defender su caso con argumentos.

Cuando Jack se marchó al trabajo y las niñas a la escuela, Janet se instaló al lado del teléfono, buscó el número de la oficina de la diócesis y lo marcó.

La recepcionista la puso en espera y, unos minutos después, un hombre que dijo ser el padre Callaway atendió la llamada.

—Buenos días –dijo el sacerdote. Tenía una voz profunda, inteligente y amistosa.

135

—Hola, padre. Me llamo Janet Smurl. Soy una feligresa de West Pittston.

—Bonita ciudad.

—Sí que lo es, padre. —Se enderezó antes de continuar—: Padre, he de hablar con usted sobre algunos problemas que hemos estado teniendo en casa.

—¿Problemas familiares?

—No exactamente, padre. Se trata de una infestación.

Se produjo una breve pausa al otro lado de la línea.

—Una infestación. Entiendo.

—No soy ninguna histérica, padre.

—Estoy seguro de que no lo es, Janet. ¿Por qué no me lo cuenta?

—Entonces ¿cree en las infestaciones, padre?

—Por supuesto que sí.

Janet apenas podía creer lo que estaba oyendo. Se había preparado para lo peor. Sin embargo, aquel sacerdote no sólo no discutía ni se mostraba evasivo, sino que parecía estar de acuerdo con ella.

—Ha sido terrible —dijo Janet, permitiendo que una parte de sus sentimientos se hicieran evidentes en su voz.

—¿Por qué no me lo cuenta, querida?

Y Janet se lo contó. Todo. Desde los primeros golpes en la pared, pasando por la mecedora que crujía sola, como si alguien invisible estuviera sentado en ella, hasta la violación de la noche anterior.

—Esto es algo muy serio —dijo el padre Callaway—. Mucho.

—El problema es que no podemos conseguir que nadie de la Iglesia nos ayude. Al menos, no de una forma seria.

—¿Y si hablo con el rector?

—¿Lo dice en serio?

—Claro —dijo el padre Callaway—, muy en serio. Será un placer explicarle su caso. Creo que en cuanto sepa todo lo que ha pasado, el rector sentirá un gran interés en su caso.

—No esperaba conseguir una respuesta tan positiva por su parte —dijo Janet, sintiéndose esperanzada por primera vez después de todos aquellos meses tan largos y oscuros.

—Déjeme hablar con el rector y vuelva a llamarme mañana por la mañana. ¿Qué le parece?

—Me parece estupendo, padre. –Los ojos de Janet se llenaron de lágrimas–. No sé cómo agradecérselo, padre.

—No se preocupe. Llámeme mañana, querida –terminó amablemente el sacerdote.

♦ ♦ ♦

Cuando Jack llegó de trabajar aquella noche, Janet no pudo esperar ni un segundo para contarle la conversación que había tenido con el padre Callaway y transmitirle el entusiasmo que sentía.

Inmediatamente después, Jack cogió el teléfono y llamó a un amigo que conocía a varias personas de la oficina de la diócesis y que, tiempo atrás, se había mostrado escéptico respecto a la ayuda que podía proporcionarles la Iglesia. Cuando Jack le habló del padre Callaway, su amigo le dijo:

—No conozco a ningún padre Callaway.

—Pues Janet ha hablado con él –repuso Jack a la defensiva.

—¿Estás seguro de que se llamaba Callaway?

—Completamente.

—Haremos una cosa, Jack. ¿Por qué no me dejas hacer una pequeña comprobación y después te devuelvo la llamada?

Jack rio con amargura.

—Por fin obtenemos algo de cooperación y tú quieres estropearlo todo.

—Sólo quiero asegurarme de que todo esté bien.

—De acuerdo –concedió Jack–. Llámame cuando puedas.

♦ ♦ ♦

Veinte minutos después sonó el teléfono. Era el amigo de Jack.

—He llamado a un amigo que es sacerdote. Conoce a todo el mundo en la oficina de la diócesis.

—¿Y?

—Allí no hay ningún padre Callaway. –Suspiró–. Lo siento, Jack.

—Pero Janet ha hablado con él.

—Lo siento, Jack. Pero al menos puedo daros un contacto en la oficina de la diócesis: el padre Emmett Doyle. Es el rector de la oficina de Scranton. Es un tipo decente, Jack. De verdad.

De modo que, al día siguiente, Janet Smurl volvió a llamar a la oficina de la diócesis. Esta vez preguntó por el padre Emmett Doyle.

El sacerdote escuchó educadamente mientras Janet le contaba, en primer lugar, la conversación del día anterior con un tal padre Callaway y, a continuación, la terrible experiencia que estaban viviendo.

—El padre Callaway, ¿dice?

—Sí, padre.

—Me gustaría decirle que conozco a ese tal padre Callaway, pero me temo que no es así.

Por tanto, el amigo de Jack estaba en lo cierto, una posibilidad que Janet había estado tratando de negar desde la noche anterior.

—¿Está usted familiarizado con las infestaciones, padre?

Como solía ocurrir cuando Janet mencionaba los fenómenos paranormales, la voz del sacerdote adquirió un tono tenso y cauteloso.

—Sí, estoy familiarizado con ese tipo de fenómenos.

Justo en aquel momento, Janet se dio cuenta de que cabía la posibilidad de que aquello fuera también obra del demonio. ¿Era posible que éste hubiera hablado con Janet por teléfono utilizando la voz del padre Callaway, provocando no sólo que ahora estuviera haciendo el ridículo e infundiéndole falsas esperanzas, sino también dañando su credibilidad ante el mismísimo rector?

—Se lo prometo, padre. De verdad que hablé con un tal padre Callaway. —Se dio cuenta de lo quejumbrosa que había sonado su voz y sintió vergüenza.

—¿Por qué no me deja reflexionar un poco sobre el caso, señora Smurl? Si le parece bien, mañana puedo devolverle la llamada.

—Eso sería estupendo. Se lo agradezco mucho.

Aquella noche los espíritus estuvieron en calma. Los Smurl cenaron en un ambiente relajado chuletas de cerdo, patatas fritas y ensalada. Estaban de buen humor porque, finalmente, parecía que la Iglesia había tomado la decisión de intervenir. La conversación de Janet con el rector había servido para que el estado mental de toda la familia mejorara considerablemente.

◆ ◆ ◆

Al día siguiente Janet se pasó todo el día cerca del teléfono.

No pasó la aspiradora por miedo a que el ruido le impidiera oírlo. Cuando fue al cuarto de baño, dejó la puerta abierta. Incluso al fregar los platos, tuvo la precaución de hacerlo sólo con un hilillo de agua para que el sonido no tapara todo lo demás.

Cada vez que sonaba el teléfono, se abalanzaba sobre él. Sin embargo, todas las llamadas la llenaron de decepción al descubrir la identidad del interlocutor.

Ninguna de ellas procedía de la diócesis.

En cuanto Jack entró por la puerta, le dijo a su mujer:

—Hola, cariño. –Y le dio un beso en la mejilla antes de percibir la tristeza en sus ojos–. ¿Qué pasa?

—No ha llamado.

—¿Qué?

—No ha llamado.

—Pero si prometió que llamaría.

Janet se limitó a negar con la cabeza.

—Promesas.

◆ ◆ ◆

Por la noche, Janet seguía deprimida.

—La Iglesia no va ayudarnos, ¿verdad? –le dijo a Jack en la cama.

—Me gustaría poder decirte que sí, pero me temo que no.

Por desgracia, Jack no se equivocaba.

Aunque la Iglesia oficial nunca les proporcionó ningún tipo de ayuda consistente, finalmente enviaron a un sacerdote para satisfacer el clamor de los amigos católicos de los Smurl.

CHRIS HACE UN DESCUBRIMIENTO

CHRIS MCKENNA, CON SU METRO OCHENTA DE ALTURA y sus casi ciento veinte kilos de peso, es un hombre que se ríe con facilidad y que suele hacerlo tanto de sí mismo como de su pasión por la comida contundente.

Como demonólogo profesional, Chris se convirtió rápidamente en amigo íntimo de los Smurl porque, aparte de hacerles compañía, siempre tenía una explicación para los terribles sonidos y apariciones que poblaban la casa familiar.

La misma semana que Janet habló con el «padre Callaway», Chris pasó muchas horas en el adosado de los Smurl. En su diario anotó los siguientes fenómenos:

Fuertes golpes en casa de John y Mary y sonido de pezuñas (parecido al producido por los cascos de los caballos), recorriendo las paredes y el techo del adosado.

Consigo expulsar al demonio dirigiendo un crucifijo en la dirección de los extraños golpes en la pared.

Rasguños como de ratas en la pared del cobertizo que da a la casa de Mary.

Descenso de la temperatura que ha estado a punto de congelar a Janet y Chris mientras trataban de «despejar» de demonios uno de los dormitorios.

Un hedor insoportable cuando Chris ha empezado a recitar una oración para llenar una habitación con el amor de Cristo. El hedor ha hecho que todo el mundo bajara a la primera planta.

Janet es inmovilizada por una fuerza invisible («No puedo moverme», le dijo a Chris cuando éste le pidió que atravesara la habitación. «Es como si me bloqueara una corriente de agua».).

Vaho saliendo de la boca de Chris como si la temperatura hubiera descendido por debajo de cero grados pese a que las mediciones en la habitación en la que estaban Chris y Jack indicaban veintiún grados.

◆ ◆ ◆

«La infestación cada día va a peor –informó Chris a los Warren por teléfono–. No sé cuánto más podrán resistir. Ha habido evidencias incluso de la presencia de un íncubo».

A continuación, pasó a relatarles un incidente en el que Janet había sido agredida sexualmente mientras dormía pese a que no habían llegado a violarla. También les reprodujo una cinta de lo más perturbadora. Después de grabar los siniestros golpes en la pared, Chris había conseguido algo con lo que no contaban. A medida que la cinta giraba en la grabadora, se distinguía un sonido parecido a los chillidos de un cerdo.

Escuchándolo a través del teléfono, Lorraine y Ed comprendieron que en las infestaciones más problemáticas siempre se oyen gruñidos de cerdos, pues éstos simbolizan la violenta presencia demoníaca.

—Hemos de hacer algo –dijo Chris.

—Sí, Chris. Y rápido –respondió Ed sombríamente.

EL PRIMER EXORCISMO

De entre todos los rituales practicados por la Iglesia Católica, el más complejo es el exorcismo. El sacerdote responsable de llevar a cabo la ceremonia debe asegurarse de antemano de que todos los miembros de la familia están en estado de gracia y realmente dispuestos a entregarse a la sangre reparadora de Cristo.

Según la experiencia de los Warren, algunos exorcismos no funcionan porque las familias involucradas en ellos no han sido honestas al asegurar que su espíritu estaba limpio; en otros casos, las fuerzas demoníacas son demasiado poderosas y no puede hacerse nada para derrotarlas.

El sacerdote al que llamaron los Warren para que les ayudara con el ritual era el padre Robert F. McKenna, de Monroe, Connecticut. Era un tradicionalista, lo que significa que había roto con la Iglesia después del Concilio Vaticano Segundo, el cual había tenido lugar veinticinco años antes y había instaurado el inglés como lengua principal en la misa además de introducir otros cambios teológicos de gran calado. El padre McKenna descubrió que muchos católicos laicos estaban de acuerdo con él. Todos los domingos por la mañana su parroquia se llenaba de fieles que habían decidido continuar con las viejas costumbres.

El exorcismo, como los Warren se encargaron de advertir a los Smurl, enfureció al demonio, quien sabía lo que iba a pasar.

La noche anterior a la ceremonia, Jack vio a dos mujeres de pie delante de la cama. Una tenía unos cuarenta años y la otra, unos veinte. Ambas desprendían un brillo muy extraño e iban ataviadas con sombrero y vestidos largos. Por supuesto, se trataba de las mismas mujeres que lo habían visitado hacía unos meses.

En aquella ocasión, sin embargo, estaban acompañadas por un hombre de pelo rubio y, a juzgar por las arrugas de su rostro, de mediana edad.

Cuando Jack trató de incorporarse para exigirles que se marcharan de la habitación, se dio cuenta de que las entidades lo habían paralizado.

Jack: «Estaba totalmente inmovilizado mientras ellos hablaban entre sí delante de mí. Entonces el hombre se inclinó hacia delante, movió un dedo en mi dirección y dijo: "¡Pagarás por esto!". Era obvio que estaba muy enfadado».

Los tres visitantes se quedaron en el dormitorio cinco minutos más, susurrando, señalando con el dedo y, en un momento dado, incluso llegaron a reírse de Jack.

Entonces el hombre volvió a enojarse y su rostro adoptó una expresión de rabia absoluta. «Como te he dicho, pagarás por esto» –repitió, tras lo cual los tres desaparecieron con la misma rapidez con la que habían aparecido.

Al cabo de unos minutos, Jack recobró la sensación y el movimiento en sus extremidades. Despertó a Janet y le contó lo que había sucedido. Pasaron el resto de la noche acurrucados uno en los brazos del otro.

◆ ◆ ◆

El equipo de investigación viajó por separado a casa de los Smurl. A bordo de su camioneta, Ed y Lorraine pusieron rumbo a la frontera del estado de Nueva York.

No obstante, Ed, que era quien conducía, sufrió unos calambres repentinos y le subió la fiebre. Empezó a ver borroso y sintió tal debilidad física que tuvo que detener el vehículo en el arcén.

—¿Qué pasa, cariño? –preguntó Lorraine, obviamente preocupada.

—Debe de ser un virus. Ya sabes que puede provocar gripe.

Sí, pensó Lorraine. La gripe u… otras cosas.

Se quedaron sentados dentro de la furgoneta mientras los otros vehículos circulaban frente a ellos bajo la brillante luz del sol. Ed parecía cada vez más débil.

Finalmente, Lorraine le dijo:

—Cariño, creo que será mejor que demos la vuelta.

—No me gusta nada tener que hacerlo –respondió Ed, el malestar reflejado en una voz apenas audible.

Lorraine bajó de la camioneta, la rodeó y se sentó en el asiento del conductor.

Sabía que en aquellas circunstancias, Ed sólo podía estar en un lugar: en la cama.

Tomó la primera salida y emprendió el regreso a casa.

◆ ◆ ◆

En las horas previas a la ceremonia, los Smurl recorrieron la casa abriendo las puertas de armarios, alacenas y cualquier otro lugar donde los espíritus pudieran esconderse durante el rito sagrado.

A lo largo de la mañana habían estado especulando sobre la ceremonia. El cine y la televisión suelen exagerar este tipo de cosas. Por eso, tanto Janet como Jack estaban ansiosos por saber qué iba ocurrir realmente.

Cuando visitaron a John y Mary en su parte del adosado, descubrieron que la pareja mayor compartía su misma ansiedad. Se consolaron juntos recordando todas las cosas tranquilizadoras que los Warren les habían dicho acerca del padre McKenna.

Janet regresó a su casa antes que Jack y, al llegar a la cocina, notó un intenso olor a rosas. Llamó inmediatamente a Jack y a Dawn, que estaban en el porche delantero. Ellos también percibieron el intenso aroma dulzón de las rosas. Janet sintió un optimismo desconocido para ella desde hacía más de un año. La mera perspectiva del exorcismo llenaba la casa con el amor de Dios y repelía al demonio.

A las dos de la tarde, el padre McKenna, de cincuenta y nueve años, detuvo su vehículo frente al adosado de los Smurl y aparcó. Es un hombre con el cabello castaño claro, gafas y una voz dulce; sus manos grandes y poderosas son un reflejo de su fuerza interior. Llevaba muchos años trabajando sin descanso, y toda esa actividad le había ayudado a sobrellevar la ardua y exigente tarea que conlleva la práctica del exorcismo. Había realizado más de cincuenta, veinte de ellos con éxito.

El sacerdote se presentó ante todos los que le recibieron en la sala de estar: Jack, Janet, Dawn, Kim, Shannon, Carin, John y Mary Smurl y Brad, este último del equipo de los Warren.

Los Smurl habían convertido una mesa en un altar. El sacerdote les había asegurado que, mediante la combinación de los ritos del exorcismo y una misa según el estilo tradicional latino, esperaba que el demonio abandonara la casa.

«Debemos rezar con toda la fe de la que seamos capaces» les dijo el padre McKenna mientras abría la cartera de médico de cuero negro en la que llevaba cirios de altar, recipientes para el agua y el vino, un misal y un atril para éste, campanillas y un cáliz de oro. A medida que el sacerdote disponía los diversos artículos necesarios para decir misa, la habitación fue adoptando el aspecto de una pequeña capilla con nueve feligreses reunidos en ella para realizar un ritual muy especial.

El sacerdote les dijo una vez más: «Os pido que recéis por la salvación de vuestras almas y para expulsar a los demonios. También os ruego que no me ofrezcáis ninguna compensación monetaria porque eso podría dificultar el exorcismo».

Seguidamente, subió al dormitorio de Dawn y Kim para ponerse sus vestimentas. Cuando regresó a la sala de estar, llevaba puesto un hábito blanco de lana de la orden de los dominicos y una túnica que le llegaba a los tobillos. También llevaba una estola de seda de color púrpura alrededor del cuello y los hombros, así como un largo rosario para los quince misterios alrededor de la cintura. Las cuentas le colgaban del lado izquierdo del cuerpo a modo de cinturón.

El exorcismo, uno de los rituales más antiguos de la Iglesia Católica, estaba a punto de dar comienzo. La estola púrpura que el sacerdote lleva alrededor del cuello simboliza la penitencia y, por tanto, también la humildad del sacerdote al suplicarle a Dios a través de las oraciones que libere al hogar o a la persona de la posesión. Asimismo, una parte del ritual consiste en adjurar del diablo exigiéndole a Satanás, en nombre de Cristo, la Santísima Virgen y todos los santos, que abandone inmediatamente a la persona o la casa. En algunos casos, el sacerdote también exige al espíritu o espíritus que han provocado la infestación que hablen y se manifiesten. (El obispo McKenna, por ejemplo, ha hablado con muchos demonios durante sus numerosos exorcismos). Finalmente, el sacerdote se ayuda de determinados objetos para llevar a cabo el ritual: agua bendita, un crucifijo y una reliquia de santo, la cual siempre se aplica al cuerpo del mismo modo, en la cabeza o el pecho, por ejemplo, durante el transcurso del exorcismo. A pesar de las representaciones aparecidas en películas recientes, durante un exorcismo no hay ni cánticos ni canciones.

El sacerdote reza en voz alta, fuerte y, en el caso del obispo McKenna, en latín. *Dominus vobiscum* (el Señor esté contigo). El ritual da comienzo.

—Ahora –anunció el padre McKenna– iré a todas las habitaciones en las dos partes del adosado y recitaré las oraciones del exorcismo. Después las rociaré con agua bendita. –Pidió a Janet y Jack que lo acompañaran en el recorrido y les dijo que también exorcizaría el sótano, el ático, el amplio patio trasero y el pequeño patio delantero.

La primera parada fue el dormitorio de Janet y Jack.

—*Ecce crucem Domini, fugite partes adversae* –recitó en latín, lo que significa: Está es la cruz del Señor, que huyan sus adversarios.

Mientras escuchaban la larga letanía que el sacerdote dedicó tanto a Dios como a Satanás («Y fue lanzado fuera aquel gran dragón, la serpiente antigua, llamada Diablo y Satanás, y fue arrojado en el abismo para que no volviera a seducir a las naciones»), Jack y Janet temían que el demonio escogiera aquel momento para prender fuego a la habitación o cometer algún acto igualmente drástico.

Sin embargo, el demonio no dio señales de vida durante el recorrido por las habitaciones de la casa. Cuando regresaron a la sala de estar, Jack, que había sido monaguillo, asistió al padre McKenna durante la misa tradicional en latín.

Entonces sus peores temores se vieron confirmados.

Mientras Janet y Jack se arrodillaban ante el improvisado altar, oyeron los llantos de un niño procedentes del piso de arriba. Un niño muy pequeño. Uno que no formaba parte de la familia Smurl. Poco después, desde la cocina les llegó el ruido de armarios abriéndose y cerrándose.

Delante de ellos dos, un poco más allá del lugar que ocupaba el padre McKenna, objetos y plantas empezaron a zarandearse.

El padre McKenna se limitó a aumentar el tono de voz con el que recitaba las oraciones, como si con ello pretendiera retar a Satanás. Con las manos entrelazadas, Janet y Jack rezaron como nunca lo habían hecho.

La rabieta del niño en el piso de arriba aumentó de intensidad.

El sacerdote levantó el cáliz para celebrar al Hijo del Hombre y de Dios.

Y, por fin, cesaron las aberraciones.

La voz iracunda del niño dejó de oírse y los objetos de la casa dejaron de zarandearse. El olor a rosas volvió a inundar las estancias.

Al menos por el momento, el poder de la oración parecía ser más poderoso que el poder de las tinieblas.

Terminada la misa, el padre McKenna les pidió a los Smurl que llenaran un cubo con agua. Tras bendecirla, les indicó que la utilizaran si volvían a producirse perturbaciones sobrenaturales una vez que se hubiera marchado él.

En preparación para el exorcismo, el padre McKenna había realizado un ayuno parcial los últimos tres días, durante los cuales sólo había ingerido una comida completa al día. Janet le ofreció algo para cenar, pero el sacerdote sólo aceptó una taza de chocolate caliente y un trozo de pastel.

Los Smurl le dijeron al sacerdote lo mucho que le agradecían lo que había hecho por ellos.

Como respuesta, el padre McKenna hizo especial hincapié en el hecho de que no debían «reconocer» la presencia del demonio.

—Es lo peor que podéis hacer –les aseguró.

—Pero es muy difícil no hablar del tema –dijo Jack–. Para todos nosotros.

—Ahí es donde debéis ayudaros los unos a los otros –le explicó el amable sacerdote–. Si os aseguráis de no mencionarlo, creo que las cosas mejorarán.

A continuación, el padre McKenna hizo una bendición general para toda la casa y anunció:

—Ahora tengo que volver a casa.

Janet se acercó a él y lo cogió de un brazo.

—No sabemos cómo agradecérselo, padre.

El olor a rosas en la cocina llegaba hasta el salón. Las chicas sonrieron y se despidieron del sacerdote. Todos tenían la sensación de que aquel día habían pasado una prueba, que el diablo los había puesto al límite, pero que no se habían venido abajo. Habían permanecido como una familia santa, moral e íntegra.

—Adiós –dijo el sacerdote.

Mientras lo acompañaban a su vehículo, Janet continuó ofreciéndole diversos platos que podía meter en una fiambrera para que se los llevara.

El sacerdote rechazó la oferta con una sonrisa.

—Rechazar tus ofertas es bueno tanto para el cuerpo como para el alma.

Arrancó el motor, los saludó con la mano y se alejó.

Los Smurl volvieron a entrar en casa. Una sensación de euforia perfectamente definida dominaba ambas partes del adosado.

¿Era posible que hubieran desterrado al demonio?

De una forma u otra, en los próximos días recibirían una señal muy clara.

ED WARREN

Durante las horas y días posteriores al exorcismo nos mantuvimos en contacto constante con los Smurl. A mí me costó mucho recuperarme de la misteriosa enfermedad que nos había obligado a dar media vuelta y perdernos el servicio del padre McKenna; tres días después seguía teniendo problemas para digerir y caminar con normalidad, además de oír un zumbido constante en la cabeza.

Por desgracia, las noticias que recibimos de los Smurl no eran buenas, lo que vino a demostrar lo poderoso que era el demonio al que nos enfrentábamos.

En este período se introdujeron los siguientes incidentes en el archivo de los Smurl:

Mary Smurl informa de siseos en su adosado.

Un intenso olor de aguas residuales abruma a Mary Smurl mientras lleva a cabo las tareas domésticas.

Desaparece ropa de la habitación de Dawn, lo que provoca una discusión entre ella y Kim. Finalmente, comprendieron que el demonio había vuelto a «esconder» cosas para enfrentar entre sí a los miembros de la familia.

Dawn presenció cómo unos pendientes se elevaban solos del joyero y pasaban frente a ella.

La familia se sintió tan intimidada por la presencia del demonio en la casa que empezaron a ir al garaje para hablar de él por miedo a que se sintiera reconocido.

♦ ♦ ♦

Por si todo lo anterior no fuera poco, los Smurl tuvieron que lidiar con otro problema.

Una noche, Janet nos llamó para decirnos entre sollozos:

—La pequeña Carin ha estado tan enferma que ha perdido tres kilos en menos de treinta y seis horas. No podemos sacarnos de la cabeza al hombre que apareció y nos dijo: «¡Pagarás por esto!». Es el demonio que se está vengando de nosotros, ¿verdad?

Aunque traté de mantener la calma, y de transmitírsela a ellos, las noticias de los días sucesivos podían resultar devastadoras para cualquier padre.

Carin Smurl empeoró hasta el punto que tuvo que estar ingresada en el hospital una semana. Pese a que los médicos lo intentaron todo, al principio fueron incapaces de bajarle la fiebre o evitar que perdiera peso.

Hasta que una noche, Janet nos llamó para darnos la buena noticia:

—Ed, gracias a Dios, hoy le ha bajado la fiebre. –Los médicos por fin habían conseguido controlar el estado de la niña.

Sin embargo, a aquellas alturas todos sabíamos, también el padre McKenna, que el exorcismo había fallado. Por muy triste que fuera la realidad, no servía de nada negarla.

No estábamos seguros de si la enfermedad de Carin había estado provocada por la infestación, pero aunque no fuera así, el resto de las señales apuntaban hacia la existencia de un demonio seguro de sí mismo y todavía muy presente en la casa.

El aprendiz de demonólogo

Donald Bennett: «Dos días después de leer acerca de Ed y Lorraine Warren, llamé a su oficina para decirles que estaba muy interesado en todo lo relacionado con los temas paranormales. A diferencia de otras personas que había conocido hasta el momento, descubrí que ellos eran muy humanos y…, bueno, supongo que «normales» sería una buena definición. Lo que más me gustó de ellos fue que, pese a tomarse muy en serio lo que hacían, también tenían un gran sentido del humor. Tenían una perspectiva muy real de su trabajo, y eso me tranquilizó de inmediato. Quería saberlo todo acerca de ellos y de su trabajo, de modo que me sugirieron que empezara por asistir a una de sus conferencias. "Hay mucha gente interesada en la demonología –me dijo Lorraine–, pero son pocos los que se dedican a ella a tiempo completo. Creo que descubrirás el motivo en cuanto hayas asistido a una de nuestras charlas"».

◆ ◆ ◆

Una semana y media después, Donald Bennett viajó en el Dodge de sus padres hasta una pequeña universidad del norte del país. Al llegar, se encontró con un auditorio lleno de gente de todas las edades, no sólo de estudiantes, como había esperado.

Dado que en el exterior la temperatura era inferior a cero grados, las ventanas estaban cubiertas de escarcha y la luz de la luna les dio una pátina plateada cuando se apagaron las luces y los Warren comenzaron la primera parte de su conferencia con diversas diapositivas.

Donald Bennett: «Nunca había visto ni escuchado nada parecido. Delante de mí tenía la evidencia física, diapositiva tras diapositiva, de la existencia de los incidentes paranormales de los que había oído hablar, explicados con calma y de un modo racional. En las diapositivas aparecían fantasmas, luces psíquicas y objetos que levitaban y se materializaban. Ed explicó que había sido testigo de cómo unas fuerzas invisibles levantaban del suelo una nevera de ciento ochenta kilos o un aparato de televisión, que después hicieron añicos lanzándolo contra el suelo. También explicó su relación con los Lutz, la familia cuya difícil situación llegaría a hacerse famosa con el nombre de "el terror de Amityville".

»Cuando los Warren concluyeron la presentación de diapositivas, invitaron al público a hacerles preguntas. No imaginaba que tantas personas hubieran tenido experiencias paranormales, pero allí estaba toda aquella gente, algunos de educación impecable y bien vestidos, otros pobres y con dificultades para expresarse, compartiendo experiencias como si estuvieran en un grupo de apoyo. La tarde se me hizo corta. Por desgracia, la ventisca que se estaba aproximando en el exterior obligó a cancelar el acto después de dos horas. Mientras los Warren recogían sus cosas y se preparaban para el viaje de vuelta, me acerqué a ellos y les dije que estaba interesado en hacerme demonólogo. Lorraine y Ed se mostraron encantados, pero Lorraine volvió a advertirme:

»—No todo el mundo termina el programa, Donald.

»—¿Por qué? –le pregunté yo.

»Lorraine miró a Ed y después me dijo:

»—Por miedo. Así de simple. Es un trabajo con mucho estrés; ya lo descubrirás.

»Pero no presté demasiada atención a sus palabras. Lo único que quería oír era que me aceptaban como estudiante.

»—Entonces, ¿puedo ir a su oficina? –le pregunté a Ed.

»Éste alargó una mano, se rio y me dio una palmadita en el hombro.

»—Bienvenido a bordo, Donald –me dijo».

Quedaron en volver a verse una semana más tarde, coincidiendo con una reunión del grupo en casa de los Warren. Donald volvió a contar los minutos, las horas y los días hasta que, finalmente, llegó el día de la reunión.

EL DEMONIO EN LA DUCHA

DESPUÉS DEL EXORCISMO, LOS SMURL eran bastante optimistas sobre su futuro. El olor a rosas lo impregnaba todo y las paredes permanecieron silenciosas.

Al menos durante unas horas.

Durante ese tiempo, el teléfono no dejó de sonar. Para entonces, casi todos los vecinos de West Pittston sabían lo que estaba ocurriendo en el adosado de los Smurl. Llamaron para interesarse, como los amigos preocupados que eran, por cómo le iba a la familia después del ritual religioso.

Los que llamaron seis días después del exorcismo se enteraron de que Carin estaba enferma. Los que llamaron unos días después terminaron aún más conmocionados.

Dawn, que por entonces tenía dieciséis años, estaba en el cuarto de baño. Se había quitado la ropa antes de meterse en la ducha. Posteriormente recordaría haber oído unos golpes en la pared que consideró parte de la rutina habitual: el demonio recordando a la familia su presencia constante.

Dawn abrió el grifo, comprobó que el agua estuviera a la temperatura adecuada y se metió en la ducha. Se enjabonó y echó la cabeza hacia atrás, apoyándola en la pared para que el agua le corriera por la cara. Sintió cómo empezaba a relajarse después de un largo día en el instituto.

152

Entonces notó cómo algo la cogía por los brazos.

Percibió una presencia delante de ella, una entidad invisible que frotaba su cuerpo contra el suyo como lo hubiera hecho un hombre. Sus intenciones eran más que evidentes.

Por el momento, sin embargo, se limitó a apretarle los brazos hasta que el dolor le llenó los ojos de lágrimas.

Entonces se apartó de la entidad y salió precipitadamente de la ducha llevándose consigo la cortina de plástico. Inmediatamente, empezó a gritar para pedir ayuda a sus padres.

Cogió una toalla del estante y salió corriendo del cuarto de baño sin dejar de gritar.

Tras calmarla, Janet y Jack le hicieron muchas preguntas a su hija.

No tenían ninguna duda sobre lo que había ocurrido. Si el íncubo se hubiera materializado, podría haber violado a su hija de dieciséis años en su propia casa.

LORRAINE WARREN

Ed se mantuvo en contacto constante con los Smurl después del intento de violación de Dawn. Varios miembros del equipo se turnaron para viajar hasta West Pittston.

Las informaciones que transmitieron no eran alentadoras:

- El demonio ha seguido vagando de una parte a otra de los adosados. John Smurl sufrió un descenso de la temperatura corporal tan brusco y severo que no dejó de temblar pese a que Mary, su mujer, lo cubrió con varias mantas. A pesar de todos los esfuerzos de Mary por calentarlo, los dientes le castañeteaban sin control.
- Janet despertó una mañana con unas marcas profundas de casi cinco centímetros de largo en el brazo derecho. Además, uno de sus dedos estaba hinchado y tenía una profunda incisión, como si le hubiera mordido algo.
- Mary Smurl también tenía cortes en los brazos.
- Un día, antes de salir para hacer la compra, Janet dejó al perro, Simon, en el patio, el cual está rodeado por una valla metálica. Janet

cerró todas las puertas de la casa. Aunque era imposible que el perro pudiera haber vuelto a entrar en la casa, cuando regresó de hacer la compra, Janet encontró a Simon en la sala de estar.

- Una tarde, mientras Janet se daba un baño, un íncubo comenzó a materializarse en la bañera. Era una criatura de unos noventa centímetros de altura y su cuerpo nudoso estaba cubierto por una sustancia gelatinosa. Antes de materializarse del todo, Janet salió de la bañera de un salto, se envolvió en una toalla y corrió hasta su habitación.

- Mary Smurl le dijo a Janet que los grifos de la casa habían estado abriéndose y cerrándose solos y que le habían desaparecido ollas y sartenes. Además, había un hedor en su dormitorio tan insoportable que no había podido entrar en él. Janet fue a buscar el agua bendita que les había dado el padre McKenna y le dijo al demonio: «Te ordeno que te marches». Casi inmediatamente notaron cómo el olor demoníaco abandonaba la habitación y se desplazaba a la contigua. Recorrieron todas las habitaciones rezando y rociándolas de agua bendita. Finalmente, el olor desapareció.

- Un día, cuando regresaba del supermercado, Janet percibió un olor a basura podrida en el interior del vehículo familiar. Detuvo el coche en el arcén, sacó el agua bendita que siempre llevaba encima y el olor desapareció.

- Las apariciones volvieron a asediar a los Smurl. Un día, por ejemplo, Jack estaba viendo la televisión cuando vio a un joven de unos veinticinco años, con el pelo rubio y largo y una agradable sonrisa, mirándolo desde el otro extremo de la habitación. Cuando Jack hizo ademán de levantarse, el joven desapareció.

- Jack volvió a ser protagonista de un incidente de levitación. En esa ocasión, después de ser izado de su cama, fue arrojado brutalmente contra el suelo.

- Un pariente de visita que pasaba por delante del adosado de los Smurl vio a una anciana de pelo blanco y largo de pie en una ventana, mirándolo fijamente. La mujer empezó a levitar y flotar de un lado a otro ante los atónitos ojos del hombre.

- Mary Smurl volvió a ver la forma oscura sin rostro y, como consecuencia de ello, se deprimió tanto que ningún miembro de la familia Smurl pudo consolarla. Además de su delicada salud, la mujer alternaba largos períodos de silencio y retraimiento con intensos episodios en los que no dejaba de sollozar.

◆ ◆ ◆

Una noche, Ed y yo volvimos a explicarles por teléfono a los Smurl que había cuatro etapas demoníacas: infestación, opresión, posesión y muerte. Durante la infestación, el demonio y los espíritus entran en la casa; a esto le sigue la fase de opresión, cuando la familia sufre ataques y acoso. En la etapa de la posesión, el demonio puede moverse y entrar en el cuerpo de un ser humano. La muerte es el objetivo final del demonio, de eso no teníamos ninguna duda. Y creo que los Smurl tampoco.

Por eso les sugerimos que pasaran un largo fin de semana en su camping favorito.

—¿Sabes qué? –dijo Jack–. Me parece una gran idea. Recogeremos lo necesario y nos iremos.

—Exacto –dije–. Os irá bien para despejar la mente.

Ojalá hubiéramos sabido lo que les deparaba aquel viaje.

Excursión tenebrosa

Un viernes al mediodía, la familia Smurl metió comestibles, refrescos, café, una nevera portátil y otros utensilios de camping en la furgoneta Chevrolet del 79 granate y plateada de ocho plazas. En el capó del vehículo un amigo había escrito en letras blancas ribeteadas de granate lo siguiente: «El Smurlmóvil».

Era un día caluroso y los Smurl estaban de buen humor. Dejaron atrás Scranton y se dirigieron hacia el noreste, a una zona de acampada situada cerca de la localidad de Honesdale. Al llegar allí, no obstante, mientras descargaban las cosas de la furgoneta, Jack sintió cierta inquietud. Pese a que habían estado en aquel camping muchas otras veces y siempre disfrutaban de la estancia, en aquella ocasión Jack Smurl presintió que algo iba mal.

—No sé por qué, pero percibo la presencia del mal –le dijo a Janet, quien se sorprendió, pues siempre se lo pasaban estupendamente cuando iban de acampada.

—¿Qué quieres decir con eso, Jack? ¿Cómo lo definirías? –le preguntó ella.

Jack se puso un poco nervioso.

—Es difícil de describir con palabras, pero tengo un mal presentimiento –respondió éste.

Además de calor, también había mucha humedad, y se produjeron unos momentos de tensión entre Jack y Janet. Ninguno de los dos quería que aquel fin de semana fuera un desastre y, a pesar de los problemas que tenían en casa, pasar unos días en las montañas Poconos siempre les había sentado muy bien.

Decidieron dejar otras cuestiones de lado y dedicarse a disfrutar de aquel paréntesis. Además de la zona de baños, había un parque infantil para los niños, una sala recreativa y los espacios abiertos del bosque. Instalaron el avance, la cubierta de plástico que se instala en la parte trasera de la furgoneta, lo que les dio un poco de agradable sombra dado que en la zona crecían pocos árboles.

El día transcurrió con normalidad y el amanecer del sábado prometía otro día de intenso calor. Por la tarde, Janet y las niñas fueron a pasear y Jack se quedó con Simon sentado a la sombra junto a la furgoneta.

Jack y Simon estaban frente al tendedero en el que Janet había colgado los cinco trajes de baño y la media docena de toallas. Aunque no hacía viento, de repente todos los trajes de baño y las toallas cayeron al suelo al mismo tiempo. Asustado, Simon se levantó de un salto y miró hacia el tendedero. A Jack también le cogió por sorpresa, porque sabía que Janet había sujetado bien los trajes de baño a la cuerda. Pese a sentir curiosidad por el motivo que había provocado que cayeran simultáneamente, no le dio demasiada importancia.

Por la noche, Janet y las niñas fueron a la sala recreativa para jugar al bingo. Dawn tenía dieciséis años, Kim, catorce, y las gemelas, nueve; Davey, el primo de todas ellas, tenía catorce. Los jóvenes se llevaban bien entre ellos y les gustaba hacer cosas con Janet.

Cuando oscureció, Jack decidió encender una hoguera. Hacia las nueve y cuarto de la noche la madera crujía y el fuego ganaba intensidad. Simon estaba tendido al lado de Jack cuando volvió a sobresaltarse como lo había hecho por la tarde, aunque esa vez Simon empezó a gruñir y a mirar en dirección a unos arbustos.

Jack dirigió la mirada hacia allí y, para su asombro, vio a una chica adolescente de unos catorce años, con el pelo largo y rubio que le llegaba casi hasta la cintura y enfundada en un largo vestido de estilo colonial.

La niña estaba de pie a unos diez metros de Jack, cerca de la carretera y al lado de los arbustos. Jack la vio con absoluta claridad; la chica le miraba a él y le sonreía. Simon seguía gruñendo. Jack no entendió la actitud del perro, pues siempre era muy amistoso y le encantaba la gente joven.

Jack miró a la chica casi paralizado y ésta siguió sonriéndole sin moverse. Al cabo de unos diez segundos, la chica desapareció para reaparecer unos segundos después y volver a desaparecer rápidamente una vez más.

Jack pensó que alguien le estaba gastando una broma. Fue hasta la furgoneta y cogió una linterna de gran tamaño con un halo de diez centímetros de circunferencia. Miró hacia los arbustos y la niña volvió a reaparecer. Seguía completamente inmóvil, sonriéndole. Jack y el perro, que continuaba gruñendo, avanzaron hacia el lugar donde estaba la niña. Y entonces desapareció.

Cuando Jack y Simon llegaron al lugar donde había estado la joven, no había rastro de ella. Con ayuda de la linterna, Jack registró el sendero y la zona de arbustos, pero no encontró nada.

Algo más tarde, Janet y los chicos regresaron a la furgoneta. Shannon y Carin se fueron a la cama y, hacia la medianoche, mientras Jack, Janet, Dawn, Kim y Davey estaban sentados alrededor del fuego tomando refrescos y patatas fritas, oyeron la voz de una joven procedente de la otra orilla del lago.

La orilla más próxima a ellos se encontraba a unos 40 o 50 metros de la furgoneta, y el otro extremo del lago estaría a unos 130 metros más. En el silencio de la noche, la voz gritaba: «Ayúdame… Ayúdame».

Jack se quedó con Kim y las gemelas. Davey, un adolescente fornido que practica lucha libre y fútbol americano, fue con Janet y Dawn hasta la otra orilla del lago para comprobar si alguien estaba en apuros. Se llevaron la linterna y recorrieron la orilla del lago mientras ofrecían su ayuda a gritos, pero no volvieron a oír la voz. Como nadie contestó a su llamada, pensaron que había sido una broma.

De regreso a la furgoneta, al pasar por delante de la pequeña tienda de comestibles que había junto a la sala recreativa, se quedaron petrificados por lo que sucedió frente a sus ojos. Pese a no haber ni la más mínima brisa, un pesado cubo de la basura metálico de ciento ochenta litros de capacidad empezó a girar furiosamente a pocos metros de ellos. El foco exterior de la tienda estaba encendido, por lo que pudieron ver claramente que el cubo giraba muy rápido. Jack, que les estaba esperando, miró en aquella dirección y también vio el cubo girando sobre sí mismo.

Janet, Dawn y Davey cruzaron una mirada mientras el cubo seguía girando otros veinte o treinta segundos más. Entonces, se detuvo de golpe y cayó al suelo. No había ningún animal dentro y el viento seguía siendo inexistente.

Tras lo de la voz de la chica y después de aquello, Janet, Dawn y Davey se pusieron muy nerviosos.

—Larguémonos de aquí –gritó Dawn, tras lo cual, los tres corrieron hasta donde Jack los estaba esperando, junto a la furgoneta.

Se reunieron todos alrededor del fuego, muy asustados. Jack decidió contarles lo que había sucedido con el tendedero y lo de la chica que había visto. Aunque todos se esforzaron por encontrar una explicación lógica a lo sucedido, finalmente se dieron por vencidos.

Al día siguiente se fueron del camping y regresaron a West Pittston. Jack y Janet se preguntaron si habrían imaginado todo aquello.

La aparición de la joven y el cubo de la basura girando a gran velocidad demostró algo a Janet y Jack Smurl: que los Warren tenían razón. Ed y Lorraine les habían advertido que el demonio podía seguirlos.

Durante el viaje de regreso desde el camping, el demonio volvió a dejar muy clara aquella posibilidad. A mitad de camino, la furgoneta empezó a sacudirse de un modo violento e inexplicable, como afectada por unas enormes ondas sónicas capaces de derribar edificios enteros. Jack tuvo que detener el vehículo en el arcén y esperar a que cesaran las vibraciones.

EL APRENDIZ DE DEMONÓLOGO

Un camino empinado conducía a una casa formidable sumida en una profunda oscuridad. La luz amarillenta que se derramaba por las ventanas resultaba especialmente acogedora. Donald Bennett, tan emocionado aún como lo había estado una semana antes, detuvo su vehículo en el camino detrás de otros tantos coches y caminó hasta la puerta.

Dos horas más tarde, se descubrió a sí mismo fascinado, como parecían estarlo los otros seis asistentes, por la presentación de gráficas, fotografías, artefactos y grabaciones que revelaban un aspecto particular del mundo espiritual.

Sentados a su alrededor había un policía, un dentista, un gerente de una estación de servicio, un estudiante universitario, una monja y un contable titulado.

Primero había hablado Ed, después Lorraine y, por último, un hombre que les explicó su primera experiencia como aprendiz de demonólogo. Donald atribuyó el nerviosismo del hombre a la ansiedad provocada por el hecho de hablar frente a un grupo de personas. Sin embargo, no tardó en darse cuenta de que lo que ponía nervioso al hombre era su experiencia con Ed y Lorraine.

El hombre, alto, delgado, vestido con un suéter azul de cuello alto y una chaqueta de *tweed* cuyas mangas no llegaban a cubrirle las muñecas, puso una grabadora en marcha y dijo: «Entré en una habitación yo solo con una grabadora y esto es lo que obtuve».

Al principio, Donald sólo distinguió el sonido ambiental de la habitación y el que emitía la propia grabadora. Pero entonces empezaron los golpes, al principio lentos y débiles, y después cada vez más fuertes y frecuentes. A continuación, además de los golpes, también se oyó un extraño sonido jadeante, como si un animal de grandes dimensiones se hubiera quedado sin aliento. Poco después, los golpes se convirtieron en auténticos porrazos.

Donald se fijó en la palidez del rostro del hombre mientras avanzaba la cinta. También se dio cuenta de que tenía un tic en el ojo izquierdo.

Cuando el hombre terminó, Ed nos dio una charla improvisada sobre algunas de las cosas que había visto durante su actividad como demonólogo.

- Ver cómo explota un crucifijo cuando un espíritu demoníaco se concentra en él.
- Examinar un cráneo humano que había sido usado para beber sangre durante las ceremonias satánicas.
- Estudiar una muñeca de trapo usada por un espíritu demoníaco que había empezado a ejercer su control sobre una niña muy pequeña.

- Ver levitar botellas de lejía y detergente detrás de él mientras subía por la escalera de un sótano.
- Corroborar la autenticidad de una fotografía psíquica tomada en Mendon, Massachusetts, en la cual aparece claramente un fantasma.

◆ ◆ ◆

Ed relató muchos otros incidentes, y después aseguró que los estudiantes serios de demonología debían estudiar obras tales como *Padre Pío: The Stigmatist* del reverendo Charles M. Carty, *En poder del demonio (verdaderos y falsos posesos)* de Jean Lhermitte y *Poltergeist over England* de Harry Price.

Al final del encuentro, Donald vio como el hombre que les había hablado se acercaba a Ed, le decía algo en voz baja y luego alargaba la mano. Ed se la estrechó. Ninguno de los dos sonreía. A continuación, el hombre fue hasta el armario del recibidor, sacó su abrigo y se marchó.

Donald sospechaba qué acababa de suceder, pero esperó a que Ed lo confirmara. Dirigiéndose a los seis estudiantes restantes, anunció: «Dean ha decidido abandonarnos. Creo que no es necesario que os diga que la experiencia que vivió en la casa a la que le llevamos le afectó de un modo muy profundo. Me ha dicho que apenas ha dormido desde aquella noche, que ha perdido el apetito y que su mujer no está de acuerdo en que siga adelante con sus estudios de demonología. Creo que ahora mismo lo que más necesita son nuestras oraciones, de modo que ¿por qué no nos tomamos unos minutos para rezar el rosario por él?».

Donald, aunque no era católico, se unió de buena gana a las oraciones.

Acababa de ser testigo de lo que le ocurre a un hombre cuya existencia ha sido amenazada por seres sobrenaturales. No lo olvidaría durante el resto de su vida.

Las agresiones continúan

P: Janet, ¿podrías describir algunos de los incidentes que se produjeron después de que regresarais del camping?

R: Bueno, la noche que llegamos a casa Shannon levitó y tardamos varias horas en calmarla. Y después pasó lo de Mary.

P: ¿Qué le pasó a Mary?

R: Para serte sincera, creo que todos temíamos que el demonio hiciera algo que pudiera provocarle un ataque al corazón.

P: ¿Fue eso lo que sucedió?

R: *[Pausa]* La forma oscura apareció en su dormitorio y ella se asustó tanto que…

P: ¿Qué?

R: Que teníamos miedo.

P: ¿Qué más pasó?

R: Shannon fue arrojada de su cama. Con gran violencia. Oímos el ruido en mitad de la noche y corrimos hasta su cuarto. La encontramos en el suelo, magullada y sollozando.

P: ¿Recordaba lo sucedido?

R: Dijo que había aparecido la forma oscura y que la había arrojado de la cama con tanta fuerza que primero se golpeó contra la pared y después contra el suelo. Después le habló.

P: ¿Qué le dijo?

R: «Primer *strike*, segundo *strike*, tercer *strike* y eliminada». Fue entonces cuando Jack se volvió loco. Al ver a Shannon en el suelo, no pudo soportarlo más. Comenzó a gritarle al demonio para que se mostrara. En la mano sostenía un recipiente con agua bendita y le exigió al demonio que se enfrentara a él. Yo estaba muy orgullosa de Jack. No le tenía ningún miedo al demonio. Sólo quería expulsarlo de casa de una vez por todas, incluso si le costaba la vida. Entonces llegaron John y Mary.

P: ¿Habían oído el ruido?

R: Sí, cuando arrojaron de la cama a Shannon, todos los que estábamos en nuestra parte del adosado nos despertamos. Entonces John y Mary oyeron que estábamos levantados y vinieron a ver si ocurría algo malo. Aquella noche John hizo algo increíble.

P: ¿Qué hizo?

R: Trajo su reliquia certificada, una cruz de madera que contiene un hilo de la túnica de Jesucristo. Dijo: «Creo que el demonio quiere matarnos a todos. Antes no lo creía, pensaba que sólo quería atormentarnos, pero ahora me doy cuenta de que quiere arrebatarnos la vida. Así que quiero que tú y Jack tengáis esta reliquia para protegeros». «Pero si nos la das, ¿cómo os vais a proteger vosotros?», le dijimos. Entonces Mary intervino, y jamás olvidaré lo que dijo: «Nosotros somos mayores. Si nos ocurre algo, ya hemos vivido muchos años. Vosotros tenéis una familia que criar. Quedaos la reliquia». A Jack se le llenaron los ojos de lágrimas. Estaba realmente conmovido.

P: ¿Se calmaron las cosas?

R: En realidad, no. En el caso de Jack, incluso afectaron a su trabajo. El demonio no tenía suficiente con destruir nuestra vida familiar y nuestro tiempo de asueto en el camping al que habíamos ido desde hacía años. Entonces también quería destruir su carrera profesional.

EL TESTIMONIO DE MARÍA RAMOS

LLEVO MUCHOS AÑOS TRABAJANDO CON JACK EN LA EMPRESA. Sé que es un hombre razonable y sensato, una persona sin delirios de grandeza y con los pies en el suelo.

Tengo que decir, sin embargo, que cuando me contó por primera vez algunas de las cosas que estaban ocurriendo en su casa, me surgieron algunas dudas. Estaba convencida de que debía de haber una explicación natural para todos aquellos incidentes.

Hasta que el teléfono de la oficina empezó a sonar de una forma muy extraña.

Un día, después de que Jack me contara el miedo que había pasado la noche anterior cuando una fuerza le había hecho levitar, yo estaba sentada en mi escritorio y el teléfono empezó a emitir un sonido muy extraño, como si fuera una alarma contra incendios, unos timbrazos prolongados e insistentes. Casi tenías que taparte las orejas.

Durante los meses siguientes, volvió a repetirse una docena de veces más. La compañía telefónica envió a varios técnicos pero ninguno fue capaz de explicar los misteriosos e irritantes sonidos que producía el aparato.

Entonces, un día, además de los timbrazos del teléfono, también empezamos a notar un hedor insoportable, como si la oficina estuviera en un sótano húmedo, ese tipo de olor. Abrimos las ventanas y rociamos la zona de trabajo con ambientador, pero no sirvió de nada.

El olor fue lo que me convenció de que realmente había fuerzas sobrenaturales que asediaban a Jack; el olor y la radio.

Otro día, Jack, quien cada vez parecía más agotado y exhausto por culpa de lo que tenía que soportar en su casa, me pidió que escuchara la radio que tenía encima de su escritorio.

—¿Me estoy volviendo loco, María, o también oyes los golpes dentro del aparato?

Escuché atentamente. Al principio no oí nada. Pero entonces distinguí unos golpecitos, uno, dos, tres, como si alguien estuviera golpeando el aparato con los nudillos. Los golpes eran intermitentes; duraban varios minutos y después se detenían.

—Lo siento por ti, Jack. De verdad que lo siento.

En la iglesia, pedí a la gente de la congregación que rezara por los Smurl. Compartí con los demás las experiencias que había tenido con Jack y les hablé de las fuerzas sobrenaturales que le asediaban a él y a su familia.

Nadie era capaz de imaginar la tensión que una situación como aquélla podía provocar y sus consecuencias en la salud y la cordura. Aunque yo sólo había experimentado una pequeña parte de su poder, y jamás olvidaré los timbrazos del teléfono ni el hedor en la oficina, no pude evitar preguntarme cuánto tiempo resistiría ante un ataque como el que estaban sufriendo los Smurl.

Aún no entiendo cómo lograron resistir durante tanto tiempo.

Mientras los Smurl posaban para esta fotografía el 19 de mayo de 1987, se oían unos espeluznantes sonidos como de aleteo de pájaros detrás de Janet y Jack. Las gemelas Carin, izquierda, y Shannon están sentadas en el suelo, flanqueando al pastor alemán de la familia, Simon. Arrodilladas detrás de las gemelas están Kim, izquierda, y Dawn. Janet y Jack están sentados en el sofá detrás de sus hijas en el salón de la casa infestada. *(Algunos rostros se han oscurecido para proteger su identidad).*

ARRIBA: Janet junto a la puerta principal de la casa familiar. Una criatura con forma de mujer de una piel blanquísima apareció un día al otro lado de la puerta y se quedó mirando fijamente a Janet.

ABAJO: Janet y Jack en su dormitorio.

Dawn le explica al autor, Robert Curran, cómo la entidad se acercó a ella mientras se estaba duchando.

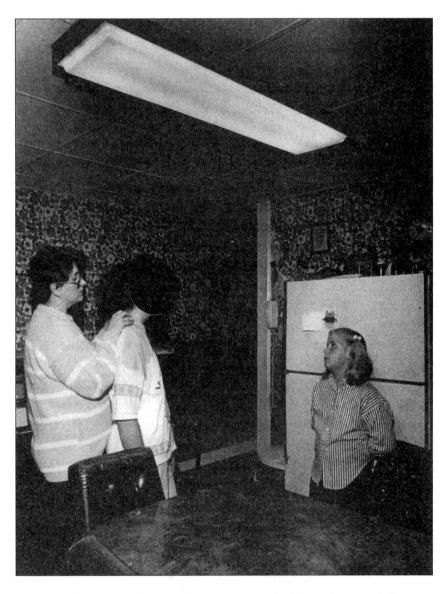

Janet, izquierda, Kim, en el centro, y Shannon recrean el día de la confirmación de Kim en el que el aplique luminoso se desplomó del techo.

En el sótano, Jack señala el punto de la pared donde, según algunos psíquicos, apareció un espíritu terrenal llamado Abigail.

Janet señala la altura hasta la que levitó.

Las gemelas en su habitación. Shannon está en la litera superior y Carin en la inferior.

Una panorámica de la sala de estar de Jack y Janet en la que puede verse la escalera, a la izquierda, y la puerta de la cocina, a la derecha.

Jack y Janet frente a su casa embrujada. Ellos viven en la parte izquierda del dúplex, mientras que los padres de Jack residen en la derecha.

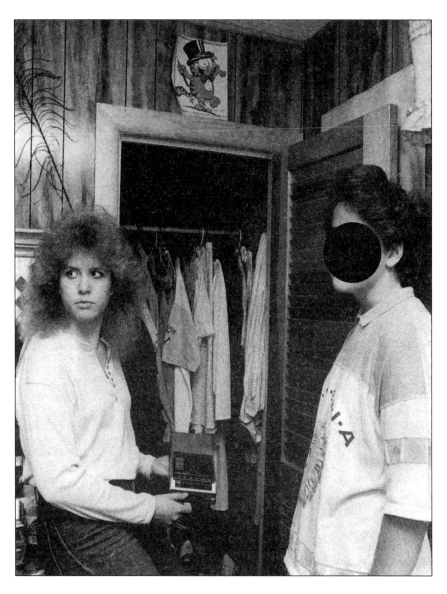

Dawn, izquierda, y su hermana Kim muestran cómo grabaron el sonido de golpes inexplicables procedentes del interior del armario.

La familia Smurl reunida en el patio trasero. En primera fila aparecen las gemelas: Shannon, izquierda, y Carin. Detrás de ellas, de izquierda a derecha: Dawn, Jack, Janet y Kim. Simon, el pastor alemán de la familia, aparece cerca del porche trasero de la casa.

Desde el jardín lateral, Jack y Janet observan el segundo piso de la casa. Algunos vecinos oyeron gritos sobrenaturales y sonidos de aleteo de pájaros procedentes de esa ventana cuando los Smurl estaban fuera de la ciudad.

Janet abriendo la puerta de la furgoneta familiar. El vehículo fue golpeado violentamente por un puño de acero invisible.

ARRIBA: John y Mary Smurl en su sala de estar. En esta sala la temperatura a menudo se desplomaba súbitamente, se oían golpes en los muebles y un extraño animal correteaba por el suelo. ABAJO: Ed y Lorraine Warren llegan a la residencia de los Smurl y responden a las preguntas de los periodistas.

El padre Robert F. McKenna (en la actualidad, obispo) llevó a cabo tres exorcismos en la casa de los Smurl.

El pasillo que conduce al dormitorio de Jack y Janet. Un enorme monstruo mitad humano mitad bestia persiguió a un horrorizado Jack Smurl por él.

Intrusión espeluznante

La tarde gris amenazaba lluvia. Era uno de esos días en los que, inexplicablemente, la temperatura parecía más de octubre que de julio.

Las niñas estaban jugando, aunque por la forma en que practicaban el *softball* Dawn y Kim, Janet se preguntó si «jugar» era la palabra más adecuada, y Jack estaba en el trabajo.

Janet había hecho una ensalada de col para la cena y la había guardado en la nevera para que estuviera fresca a la hora de cenar.

En la televisión, una telenovela mostraba su sombría visión de la condición humana. Janet sintió un repentino dolor de cabeza y decidió tumbarse en el sofá. Mientras se estiraba, pensó que no era extraño que últimamente hubiera tenido tantos dolores de cabeza. Desde el incidente en el camping, ella y Jack habían comprendido que aunque vendieran el adosado y se mudaran a otro lugar, era bastante probable que el demonio se trasladara con toda la familia. Por tanto, ¿qué sentido tenía marcharse de allí? Si el demonio los había seguido hasta el camping, bien podía seguirlos a cualquier parte.

Llevaba dormida unos veinte minutos cuando sintió una suave caricia, como si unos dedos trataran de excitarla sexualmente, subiendo desde sus muslos, el vientre y, finalmente, por el resto de su cuerpo. Se despertó repentinamente.

Su primera reacción fue de sarcasmo: ya estamos otra vez. Por muy amenazador que fuera el demonio, a veces Janet lo veía como un irritante niño pequeño empeñado en molestar a sus padres.

Janet esperó un momento y, acto seguido, apoyó la cabeza en el brazo del sofá con la intención de volver a quedarse dormida. El dolor de cabeza seguía latiendo con fuerza.

Justo antes de volver a coger el sueño, sintió otra vez cómo la tocaba. Se incorporó en el sofá porque en esa ocasión las caricias del demonio eran aún más sugerentes, avanzando sigilosamente hacia la parte baja del vientre. No obstante, lo que hasta entonces le había parecido una agresión sexual se convirtió en algo aún más amenazador, pues las manos invisibles del demonio se cerraron alrededor de su cuello y empezaron a estrangularla.

Janet notó cómo se le acumulaba la sangre en el rostro mientras trataba de arañar al asaltante invisible.

«¡Socorro!». Hizo todo lo posible para que alguien la oyera, pero sabía que había dos cosas en su contra. Las garras del demonio le apretaban el cuello con tanta fuerza que apenas podía emitir sonido alguno. Además, no había nadie en casa. Y no podía gritar lo suficientemente alto como para que Mary la oyera.

El demonio la tiró del sofá mientras mantenía la presión en su garganta. Janet vio la oscuridad de la muerte avanzando rápidamente a su encuentro y se dio cuenta de que su mente estaba empezando a ceder ante ella, del mismo modo en que las personas que se están ahogando terminan por rendirse a su propia oscuridad abrumadora.

Entonces recordó lo que le había dicho Ed Warren sobre imaginarse a sí misma bajo la protectora luz del amor de Cristo. Poco después de evocar la imagen de Cristo en su mente, Simon llegó desde la cocina, donde había estado durmiendo, y pareció darse cuenta de lo que estaba pasando en la habitación. El pastor alemán se agazapó, mostró unos colmillos que goteaban saliva y se preparó para atacar al torturador de Janet.

Simon saltó hacia delante, chasqueando las mandíbulas y atacando con sus poderosas patas el vacío. Aterrizó junto al sofá, aun gruñendo pero frustrado por no poder salvar a su amada propietaria.

La imagen de Cristo que había evocado Janet cada vez se hacía más vívida.

Imaginó a su Salvador extendiendo las manos hacia ella. Llevaba puesta una vaporosa túnica blanca y una hermosa luz perlada lo envolvía completamente.

En su mente, Janet alargó una mano y aceptó la ayuda de Jesucristo. Al avanzar hacia él, sintió cómo se adentraba en el aura protectora de su hermosa luz espiritual. De repente, se vio a sí misma brillando con la misma luz que envolvía a Cristo.

Durante el tiempo que duró este proceso de visualización, el demonio no dejó de estrangularla, y Janet se retorció y forcejeó para hacer frente a la terrible fuerza que pretendía asfixiarla. Cuanto más profundamente se adentraba en la luz que rodeaba a Jesucristo, más se reducía la presión de las manos alrededor de su cuello.

Simon seguía gruñendo, pero seguía sin saber qué podía hacer para ayudarla.

«¡Jesús, protégeme, por favor!».

Por entonces, la presión había cedido lo suficiente como para poder oír sus propios gritos.

«¡Jesús, protégeme, por favor!» gritó de nuevo.

A aquellas alturas, la evocación mental de estar unida a Jesús estaba prácticamente completa.

Las manos del demonio cedieron aún más, lo que le permitió incorporarse en el sofá y alcanzar con una mano el recipiente de agua bendita que guardaba cerca de allí. Janet roció el aire con varias gotas del agua santa.

Por fin, notó como su garganta volvía a liberarse.

Janet había esperado que su primera reacción tras quedar libre de las garras del demonio, siempre y cuando no estuviera muerta, sería de alivio.

Sin embargo, se sentó en el borde del sofá mientras sollozaba desconsoladamente. Nunca antes había visto la muerte tan de cerca, y la sensación había sido aterradora. Se había salvado sólo gracias a Jesucristo y a la luz de su amor.

Por la noche, cuando le contó a Jack el intento de estrangulamiento, él la cogió entre sus brazos y la sostuvo durante mucho tiempo. Después, reunieron a sus cuatro hijas y todos juntos rezaron a Dios para agradecerle que le hubiera salvado la vida a Janet.

—No sé qué hacer ahora –dijo Janet.

—Yo sí –respondió Jack.

Fue hasta el teléfono y llamó a Ed Warren.

ESPECULACIONES

COMO HACÍA SIEMPRE ANTES DE UN EXORCISMO, el padre McKenna ayunó para viajar a casa de los Smurl en West Pittston, donde esperaba poner fin de una vez por todas a la maldición que dominaba el adosado como si se tratara de una terrible y persistente enfermedad.

El día del segundo exorcismo, las condiciones meteorológicas permitieron al sacerdote disfrutar de las agradables vistas: colinas verdes y ondulantes bajo un cielo despejado de un azul intenso.

Llegó casi al mediodía. El matrimonio Smurl y sus hijas, además de Mary y John, le estaban esperando de pie en la sala de estar.

Antes de dar comienzo al rito del exorcismo, habló un rato con Janet y Jack y les pidió que le contaran qué había sucedido en la casa desde el primer exorcismo.

Sólo observándolos y escuchándolos, el Padre McKenna supo inmediatamente que el demonio se había hecho muy fuerte. Frente a él tenía a dos personas asoladas por una fuerza que no entendían.

◆ ◆ ◆

Como en aquella ocasión no dijo misa, la ceremonia fue más breve. El padre McKenna recorrió todas las habitaciones de ambos adosados mientras las rociaba con agua bendita y recitaba antiguas oraciones en latín. A continuación, bendijo uno a uno a todos los miembros de la familia. Incluso dijo una bendición especial para los animales dirigida a Simon. Todas estas oraciones las sacó del *Rituale Romanum,* un librito de poco más de veinticinco páginas que contiene todas las oraciones y conjuros antiguos para lidiar con los demonios. *«Dominus vobiscum»* dijo en el latín de la Iglesia tradicional.

Cuando el sacerdote hubo concluido con el ritual, Janet dijo:

—Hay una gran diferencia entre esta vez y la otra.

—¿Qué quieres decir? –le preguntó el padre McKenna.

—Que esta vez el demonio no ha hecho nada.

Janet tenía razón.

Durante el primer exorcismo, el demonio había zarandeado los armarios, adoptado la forma de un enojado joven y propagado malos olores.

—¿Es una buena señal? –preguntó Janet.

—Esperemos que sí –respondió el padre McKenna.

Janet y Jack volvieron a ofrecerle que se quedara a cenar, pero el sacerdote dijo que deseaba continuar con el ayuno y que, además, tenía varias cosas que hacer en la parroquia.

Recorrió con la mirada la sala de estar. Estaba habituado a la presencia sutil de demonios, y eso es precisamente lo que intentó detectar en aquel momento. Nada. Sus oídos también estaban acostumbrados a percibir los sonidos que emitían habitualmente los demonios. Escuchó atentamente, pero no oyó nada.

El padre McKenna inclinó la cabeza y recitó una oración silenciosa para que la presencia demoníaca dejara en paz de una vez por todas a la familia Smurl.

Los Smurl se despidieron del sacerdote y lo acompañaron a su coche. Varios vecinos, sabedores de que iba a celebrarse otro exorcismo aquella tarde, salieron a sus porches y observaron solemnemente cómo el sacerdote subía a su vehículo y se alejaba calle abajo.

Janet y Jack no pudieron contener su optimismo. Entraron en casa, olieron el aire y miraron a su alrededor. Una vez más, la casa parecía pertenecerles a ellos, no al demonio.

Durante el resto del día y bien entrada la noche, su optimismo pareció estar bien fundamentado.

◆ ◆ ◆

En el trayecto de regreso a Connecticut, mientras disfrutaba del verde espectáculo veraniego a ambos lados de la Interestatal 84, el padre McKenna recordó un exorcismo en el que había participado algunos años atrás y se preguntó por qué no había pensado antes en él.

Se trataba del caso Brenner. Unos trabajos de excavación en una zanja de drenaje habían sacado a la superficie unos huesos envueltos en tela descompuesta enterrados a gran profundidad. El padre McKenna hizo que un experto forense examinara los huesos y éste determinó que se trataba de huesos de cerdo de, por lo menos, ochocientos años de antigüedad. El padre McKenna supo inmediatamente por qué la casa de los Brenner estaba embrujada. En una parte del patio se habían practicado rituales paganos hacía más de ocho siglos. No era de extrañar que la casa estuviera infestada de demonios.

Mientras conducía, el padre McKenna tuvo la sensación de que el exorcismo que acababa de realizar no iba a funcionar.

Después de un ritual como aquél solía sentirse eufórico, pero en aquel momento se sentía taciturno. No recordaba muchas infestaciones tan problemáticas como aquélla. El sacerdote tuvo la sensación de que no había logrado ayudar demasiado a la familia Smurl.

◆ ◆ ◆

Por la noche, el padre McKenna llamó a los Smurl para ver cómo iban las cosas. Se sorprendió un poco cuando Janet le dijo:

—Muy bien, padre. Aprovecho la oportunidad para volver a darle las gracias.

—Entonces, ¿no ha habido ningún problema?

—Ni uno solo. De hecho, para celebrarlo, hemos salido para tomar una pizza.

—Bueno, rezaré por vosotros, Janet.

—Muchas gracias, padre.

Aquella noche, al decir sus oraciones nocturnas, un terrorífico estremecimiento recorrió el cuerpo del sacerdote. Tenía la horrible sensación de que no todo iba tan bien como parecía en casa de los Smurl.

Una vez más, le dominó la sensación del fracaso. Incluso llegó a sentir que, de algún modo, había traicionado a aquella excelente familia.

Cerró los ojos y siguió rezando.

EL APRENDIZ DE DEMONÓLOGO

«Te pones ropa que no te importa ensuciarte porque, a pesar de que en el cine las cosas parecen resolverse como por arte de magia, en realidad nuestro trabajo consiste en inspeccionar fisuras, grietas, armarios, sótanos, áticos y bajar por chimeneas, pozos y alcantarillas. Todos los lugares oscuros donde les gusta ocultarse a demonios y espíritus.

»Y en lugar de bolas de cristal, engalanadas túnicas y varitas mágicas, llevamos grabadoras, linternas, grandes y de bolsillo, destornilladores, espátulas, martillos y, a veces, incluso unas pinzas. Además de todo eso, también llevamos el equipo de vídeo y cámaras de visión nocturna, por si acaso, y cuadernos en los que anotamos la hora exacta. Y nos acompañan ayudantes que nos dan ánimos y a los que les damos ánimos porque sabemos que todos formamos parte de un equipo».

En el tercer mes de Donald Bennett como estudiante de demonología, Ed Warren le estaba ayudando a prepararse para su gran día, aquél en el que dejaría de mirar diapositivas y escuchar cintas y entraría solo en una casa infestada de demonios.

Después de hablarle de los instrumentos y herramientas propios de los demonólogos, Ed se quedó mirándolo y le dijo: «Ahora quiero hablarte de unas personas que conozco y a las que vamos a visitar dentro de unos días».

Donald Bennett: «Sólo por su tono de voz, supe que Ed por fin había decidido llevarme con él. Ante un momento como aquél, había esperado sentir una tremenda alegría. Sin embargo, debo admitir que se me formó un nudo en el estómago y el corazón empezó a latirme aceleradamente. No había ninguna duda: por mucho que deseara convertirme en demonólogo, entrar en una casa infestada de demonios me provocaba pánico».

Ed procedió a contarle a Donald todo lo que sabía sobre el matrimonio formado por Janet y Jack Smurl.

LA TERRIBLE VERDAD

Aquella noche, Jack tuvo problemas para conciliar el sueño. La emoción hacía que se sintiera sobrecargado de energía.

La casa estaba en calma y no se oía el menor ruido. En el rostro de sus padres había visto reflejada la nueva situación. No los había visto sonreír tanto desde hacía casi dos años.

Jack estaba tumbado en la cama, tratando de conciliar el sueño en la oscuridad del dormitorio. Le dio gracias a Dios por sus bendiciones y, diez minutos después, se adentró en la oscuridad del sueño y dejó que éste lo dominara suavemente.

Jack saltó de la cama como si hubiera oído un disparo de escopeta en el pasillo. Estaba bañado en sudor y temblando.

Inmediatamente después, Janet se incorporó a su lado.

—Dios mío –dijo ella.

Oyeron golpes en la pared.

Una clara señal de que las cosas no habían ido como esperaban.

Poco después, al ver que los golpes no se detenían, fueron a consolar a sus hijas. Las chicas eran perfectamente conscientes de lo que aquello significaba.

Kim, entre lágrimas, dijo:

—¿Alguna vez nos dejará en paz, mamá?

Hablando apenas en un susurro, e intentando contener las lágrimas, Janet le contestó:

—No lo sé, cariño. De verdad que no lo sé.

Los golpes cesaron aproximadamente una hora después. Las chicas volvieron a dormirse.

Jack y Janet se tumbaron en la cama, abrazados, y observaron cómo la luz del amanecer teñía la ventana.

Estaban agotados, desfallecidos. Y aterrorizados.

—No sé qué podemos hacer –dijo Janet.

—En algún lugar tiene que haber alguien que pueda ayudarnos. Tiene que haberlo. –Y entonces dijo algo que creía que nunca diría–. Quizá ha llegado el momento de que lo hagamos público. Tal vez alguien nos oiga y nos llame.

—Pero las chicas…

—Tal vez haya alguna manera de hacerlo de forma anónima.

—¿Pero cómo?

—Hablemos con Ed y Lorraine.

—Hacerlo público me da tanto miedo como lidiar con el demonio –dijo Janet.

Jack suspiró y miró con tristeza el estriado cielo matutino.

—Tenemos que hacer algo, Janet. No nos queda otra opción. –Pero al pensar en todos los problemas que la notoriedad podía causar a la familia, añadió–: Esperemos un poco y veamos qué pasa. ¿De acuerdo?

—Está bien, Jack –dijo Janet en voz muy baja–. Si crees que es lo mejor.

Ella lo abrazó y, finalmente, ambos se sumergieron en un sueño inquieto.

◆ ◆ ◆

Al padre McKenna también le costó dormir esa noche. Se pasó muchas horas recitando antiguas oraciones por los Smurl, oraciones que los primeros cristianos creían que eran las únicas y auténticas armas contra Satanás.

UN MAL RELUCIENTE

JANET Y JACK LLEVABAN DORMIDOS SÓLO UNOS MINUTOS cuando el colchón comenzó a sacudirse.

Jack: «Aunque nunca he vivido un terremoto, sí he oído las descripciones, y nuestra cama se movía del mismo modo. El colchón empezó a elevarse mientras nosotros seguíamos encima. Aunque los dos habíamos vivido episodios de levitación durante la infestación, aquello fue distinto; la cama se zarandeaba violentamente. Entonces, como de costumbre, volvimos a caer sobre el somier. Hice lo único que podía hacer. En cuanto la cama dejó de temblar, cogí el frasco con agua bendita y rocié con ella toda la cama. No pegamos ojo durante el resto de la noche».

◆ ◆ ◆

El viernes de esa misma semana, cuando toda la familia se sentó a la mesa, el aparador de roble de la cocina se abrió solo. Dieciocho tazas y platillos salieron despedidos y se estrellaron contra el suelo, que quedó cubierto de trozos y fragmentos de porcelana rota. Algunos bordes afilados rayaron la parte inferior del mueble.

Janet se cubrió el rostro con las manos y comenzó a llorar débilmente. Había tardado diecisiete años en tener aquel aparador, hasta reunir el dinero necesario para comprarlo. Y entonces estaba rayado y estropeado.

De repente, la ira la superó; levantó la cabeza y gritó:«¡Odio esta casa!».

Jack y las niñas pasaron los siguientes veinte minutos tratando de consolarla.

◆ ◆ ◆

La siguiente semana, el baño, por el cual el demonio parecía sentir una atracción especial, se convirtió en el centro de diversos incidentes, la mayor parte de los cuales con Janet como protagonista.

El lunes por la noche, al meterse en la bañera, vio una forma humana, grande y brillante, de pie en un rincón. Debía de medir aproximadamente un metro cincuenta y parecía una luz brillante con hombros y cabeza pero sin cuello, piernas ni brazos. Janet no distinguió facciones en su rostro. El brillo dorado que desprendía le hizo daño en los ojos, como si estuviera mirando directamente el sol.

Llamó aterrorizada a Jack, pero cuando éste llegó al baño, la criatura resplandeciente había desaparecido.

El miércoles, mientras estaba sentada en la bañera, oyó gemir a un hombre. «Oh… Oh… Oh», como si estuviera experimentando algún tipo de éxtasis sexual.

Janet volvió a gritar para pedirle a Jack que fuera.

Esa vez Jack se quedó con ella; se sentó debajo del crucifijo que había sobre la puerta del pasillo. Mientras terminaba de bañarse, Janet leyó en voz alta de un misal. Mientras leía las palabras santas sobre la Madre Bendita, el aroma a rosas impregnó la estancia.

Janet: «No tengo ninguna duda de que las fuerzas divinas estaban entonces en la casa librando una guerra contra el demonio y protegiendo a nuestra familia para evitar que nos hiciera daño».

Sin lugar a dudas, el incidente más preocupante tuvo lugar el jueves por la noche, y una vez más en el cuarto de baño.

Janet se fue a dormir temprano, pero se despertó alrededor de las 2 de la madrugada. Sedienta, se levantó para ir a beber agua. Estaba tan cansada que no pensó en ningún momento en la posible presencia de seres sobrenaturales. Simplemente quería un vaso de agua y volver a meterse en la cama.

Debido a todos los incidentes que se habían producido últimamente, Jack insistió en dejar encendida toda la noche la luz del cuarto de baño.

Cuando Janet entró en él, vio algo que la despertó de golpe.

De pie frente al armario de las toallas estaba la forma oscura, grande, encorvada y con capucha que se había materializado otras tantas veces desde que la casa estaba infestada.

Janet observó, entre fascinada y asqueada, cómo la forma intentaba abrir con las manos las puertas del armario.

Aparentemente, la figura la oyó, pues giró la cabeza hacia la derecha y se quedó mirándola con la vista perdida.

Janet: «Tuve la sensación de que me atravesaba con la mirada. Se me puso la piel de gallina. Me di cuenta de que sólo llevaba puesto el camisón y tenía miedo de que fuera un íncubo y me violara. Entonces empezó a alejarse del armario y a avanzar hacia mí. Corrí por el pasillo, me tropecé con una alfombrilla y me hice bastante daño en la rodilla, pero no dejé de correr.

Al llegar al dormitorio, empecé a sacudir a Jack. Tenía miedo de que el demonio le hubiera inducido un sueño psíquico. Por suerte, pude despertarle de inmediato. Tras coger el agua bendita, me acompañó al cuarto de baño, pero para entonces la forma oscura ya no estaba. No volví a dormir en toda la noche».

Sus temores sobre el íncubo se hicieron realidad la noche siguiente, cuando Janet, tendida en la cama al lado de Jack, notó una mano invisible recorriendo su cuerpo.

Jack, al ver que su esposa estaba siendo atacada, cogió el agua bendita de la mesita de noche. Apartando las sábanas, dijo con voz imponente:

—¡En el nombre de Jesucristo, te ordeno que te vayas!

Janet se unió a él.

—¡En el nombre de Jesucristo, te ordeno que te vayas!

Aunque las manos invisibles continuaron palpando su cuerpo, después de rociar la cama con agua bendita y recitar la oración especial, Janet notó que las manos se retiraban y que recuperaba la integridad de su cuerpo. Se derrumbó en los brazos fuertes y protectores de Jack.

Pero los problemas de aquella noche no terminaron ahí.

Después de volverse a dormir una hora más tarde, se despertaron una vez más cuando el colchón empezó a sacudirse violentamente, tal y como ya les había sucedido unos días antes. También hubo golpes en la pared, aunque aquella noche duraron menos.

Pero el demonio aún no había terminado.

Cogió el colchón y lo hizo levitar unos treinta centímetros, inclinándolo de un lado y del otro como si fuera una montaña rusa. Cuando el demonio se cansó, los Smurl vieron a sus hijas de pie delante de la puerta del dormitorio, llorando y rezando. «Ésta es nuestra casa, maldita sea. ¡Déjanos en paz!» gritó Janet.

Alrededor de las tres de esa misma madrugada, se apareció ante Janet una anciana de rostro amable y con el cabello recogido en un moño. Llevaba unas gafas redondas de montura metálica. Bajo un cárdigan de color azul marino, llevaba un vestido desgastado de ama de casa. Estaba sentada frente a una fantasmal mesa blanca de estilo colonial. La mujer no dijo nada, se limitó a sonreír a Janet afablemente.

Janet: «Tuve la clara impresión de que la mujer quería decirme algo, aunque no estoy segura de qué. Nos limitamos a mirarnos la una a la otra. Lo más extraño es que no tenía ningún miedo. Si el demonio había adoptado una nueva forma, aquélla no me asustaba en absoluto. Entonces desapareció, con la mesa y todo, así, de repente. Donde había estado la mujer aparecieron unas luces, azules, doradas y blancas, destellando por todas partes, algo así como las luces estroboscópicas de los años sesenta. Jack no se despertó durante este incidente. Me quedé dormida justo antes del amanecer y después sonó el teléfono, que despertó a Jack. Respondió, pero no había nadie al otro extremo. Le conté lo de la anciana. Ninguno de los dos pudimos encontrarle un sentido. Normalmente, los espíritus eran seres desagradables o amenazadores. Aquél era... tranquilizador, supongo que esa es la palabra».

A la mañana siguiente, mientras estaba en la cocina fregando los platos, Janet oyó un ruido en el porche delantero.

Al cruzar la sala de estar, vio a una mujer que era una forma dorada y reluciente, incluso más cegadora que la criatura de la otra noche. Su pelo, piel y ropa eran de un color deslumbrante, parecido al del oro blanco. La mujer no parecía tener facciones. Cuando Janet hizo ademán de acercarse cautelosamente a la puerta, como cabía esperar, la mujer desapareció.

Por la tarde, mientras limpiaba un poco el polvo, Janet levantó la vista y vio a la misma mujer de oro blanco de pie delante de ella. Apagó la aspiradora, empezó a acercarse a la mujer, pero ésta volvió a desaparecer.

Posteriormente aquella misma tarde, la mujer apareció una vez más. Esa vez, el brillo dorado parecía poseer una esencia ardiente, y Janet percibió por primera vez que la mujer no estaba allí simplemente para asustarla, sino también para hacerle daño.

Por la noche, ya en la cama, Janet se dio la vuelta para decirle algo a Jack y, por primera vez, éste se quedó mirándola como si *ella* fuese el demonio.

Jack: «Me cogió por sorpresa. Es decir, sólo estábamos charlando, y cuando Janet se volvió hacia mí, empezó a salirle vaho de la boca. Me asusté muchísimo. Empecé a alejarme de ella, pero entonces comprendí que eso era exactamente lo que quería el demonio. Había hecho que le saliera vaho de la boca para separarnos. Pensé en lo que nos habían dicho Ed y Lorraine, que el demonio siempre trata de destruir a la familia. Bueno, pues eso es exactamente lo que estaba haciendo. De modo que, con mucha calma, le dije a Janet lo que le estaba pasando, que le estaba saliendo vaho de la boca. Entonces bajó la vista y lo vio. En realidad tuvo cierta gracia, incluso nos reímos un poco de ello, pero la primera vez que lo vi, me asusté mucho. De eso no cabe ninguna duda».

En mitad de la noche, Jack sacudió suavemente a Janet y le dijo en voz baja:

—¿Estás despierta?

—Sí.

—Ha llegado la hora, ¿verdad? De hablar con Ed y Lorraine.

—¿Sobre lo de hacerlo público?

—Sí.

Janet se quedó pensativa un instante.

—Supongo que en este punto no sé qué otra cosa *podemos* hacer.

—Tal vez alguien sepa qué hacer en casos como éste.

Mientras hablaban, oyeron un grito procedente de la habitación de una de sus hijas.

Corrieron por el pasillo hasta el dormitorio de las gemelas.

Carin estaba levantada y las lágrimas le corrían por las mejillas.

—Lo he vuelto a ver, mami. Lo he vuelto a ver.

—¿A quién, cariño?

—Al hombre de esa cosa larga y negra.

—¿La capa negra?

—Sí.

Jack y Janet cruzaron una mirada nerviosa.

—¿Qué estaba haciendo?

—Estaba en el pasillo. Tenía miedo de que entrara en vuestra habitación. Para haceros daño.

La niña empezó a llorar de nuevo.

Jack, enfurecido, se golpeó la mano con el puño y se fue a acostar mientras Janet se quedaba para consolar a Carin.

El demonio estaba consiguiendo lo que quería: destruir a la familia Smurl de uno en uno. Sólo había una cosa con la que el demonio no contaba: Jack Smurl. Nadie iba a destruir a su familia. Nadie.

ED WARREN

La intuición del padre McKenna de que el demonio no había sido derrotado en el segundo exorcismo resultó acertada.

Lorraine, Chris y yo mismo (y, en varias ocasiones, otros miembros del equipo) nos mantuvimos en contacto con Janet y Jack, ofreciéndoles consejo y todo el consuelo que podíamos, el cual, he de admitir, no era mucho en este punto, pues el demonio parecía estar virtualmente, si no literalmente, fuera de control.

Un tema que surgió muchas veces durante nuestras conversaciones fue el terrible caso de Amityville, un ejemplo perfecto de lo que podía suceder cuando un demonio alcanza la cuarta etapa de la infestación, es decir, la posesión. Como es bien conocido, en Amityville, Ronald DeFeo, de veinticuatro años de edad, había cogido un rifle y había asesinado a sangre fría a sus padres, a sus dos hermanos y a sus dos hermanas. Hoy en día continúa en la cárcel, con una condena de por vida.

Hasta los asesinatos, Ronald DeFeo había sido un joven normal, con los mismos sueños y deseos que la mayoría de los jóvenes de su generación. Sin embargo, una fuerza siniestra de la casa de Amityville pasó a controlar sus acciones, provocando los tristes y sangrientos resultados que en la actualidad son de conocimiento público.

Después de que nos invitaran a participar en el caso Amityville, Lorraine y yo pasamos muchos días y noches tratando de determinar si Ronald simplemente se había vuelto loco o si había sido víctima de una posesión. Todas las pruebas, y éstas eran considerables, señalaban hacia esta última posibilidad. Y aún seguimos descubriendo cosas del caso Amityville que no hacen más que reforzar la teoría de que fue un caso evidente y clásico de posesión.

Nos preocupaba que el caso de los Smurl pudiera tener un desarrollo similar.

¿Y si el demonio lograba hacerse con el control de alguien de la casa y provocaba pensamientos oscuros y violentos en una mente inocente, tal y como le había ocurrido a Ronald DeFeo?

El padre McKenna había hecho todo lo posible, al igual que nosotros, y, sin embargo, el demonio y los espíritus que éste controlaba seguían merodeando las dos partes del adosado de West Pittston. Cada vez era más obvio cuál era su objetivo final.

Destruir a la familia Smurl con cualquier medio a su alcance.

Una opción que barajamos fue la de reunir a un grupo de sacerdotes para ver si, de forma colectiva, podíamos encontrar algún plan o solución para expulsar al demonio de la casa.

Para ser franco, y lo digo como católico devoto, nos resultó imposible implicar a la Iglesia en el caso. Los miembros de la diócesis suelen mostrarse muy escépticos con los incidentes sobrenaturales porque tienen miedo de que termine siendo un fraude o algo peor y que posteriormente alguien ofrezca una explicación perfectamente lógica del caso.

Por entonces, Janet y Jack se encontraban al borde de la desesperación. Nos llamaron un día para decirnos que estaban considerando seriamente la posibilidad de vender la casa y, otro día, volvieron a llamarnos para comunicarnos que simplemente estaban a punto de abandonarla. Les contamos la terrible verdad. Les explicamos que el demonio podía seguirlos a cualquier parte, tal y como ya había hecho cuando se habían ido de camping en al menos otras dos ocasiones, y también que si compraban una nueva casa cabía la posibilidad de que el demonio se instalara en el ático, el sótano o incluso en la cocina de la nueva vivienda. Les convencimos de que no iban a conseguir nada mudándose.

Como no podía ser de otro modo, Janet se mostró especialmente deprimida después de aquella conversación porque la hermana de Jack, Cindy Coleman, estaba de visita en el adosado con su marido y su hijo adolescente, Davey. Cindy había vivido una terrible experiencia sobrenatural en la casa: estando en el cuarto de baño, con la luz encendida, la oscuridad la había envuelto completamente, como si hubiera descendido hasta el fondo de un abismo profundo. Cindy estuvo en el abismo tanto tiempo que llegó a preguntarse si no habría perdido la cordura. Finalmente, la oscuridad se desvaneció y volvió a ver el cuarto de baño. El demonio volvía a hacer una demostración de su poder, como había hecho unos días antes cuando Scott Bloom, el sobrino de los Smurl, había visto una figura oscura de pie en el porche delantero del adosado.

—Hemos estado hablando, Ed. Creemos que ha llegado el momento de hacerlo público. Quizá cuando la diócesis oiga nuestra historia, se verá obligada a ayudarnos.

Aquélla era una decisión que ni Lorraine ni yo podíamos tomar por ellos. Era una decisión muy seria, y que podía tener un impacto profundo y duradero tanto en su vida como en la de sus hijas, por lo que eran ellos los que debían tomarla.

—¿Estáis seguros? –les pregunté.

—Sí –contestó Janet.

—Os dais cuenta de que si se corre la voz, podrías convertiros en el…

—¿Hazmerreír? –Janet terminó la frase por mí–. Nada podría ser peor que lo que hemos pasado las últimas semanas, Ed. La decisión está tomada. A ver si puedes descubrir cuál es la mejor forma de hacer pública nuestra historia.

Por «pública», Janet se refería al público en general. Por entonces, muchos vecinos de West Pittston conocían a los Smurl y su trágica situación, y, en general, la mayoría de ellos había reaccionado con compasión.

No obstante, según nuestra experiencia, cuando el público se enfrenta a algo que teme y no termina de entender (piensa, por ejemplo, en lo que Martin Luther King tuvo que soportar, o por lo que deben pasar los enfermos de sida hoy en día), puede convertirse en un juez voluble y despiadado.

—¿Estás segura de que es lo que queréis, Janet? –insistí.

Janet Smurl se lo pensó un instante muy breve y después dijo:

—Sí, estoy segura.

En Filadelfia hay un programa de televisión, *La gente habla*, presentado por un hombre inteligente y de mente abierta llamado Richard Bey. Lorraine había participado en él en otra ocasión, de modo que llamamos a Richard para preguntarle si podíamos llevar a los Smurl a su programa. Le prometimos que sus espectadores quedarían intrigados y sorprendidos por lo que tenían que contar. Bey aceptó y acordamos las condiciones. Dado que tanto Lorraine como yo teníamos ciertas reservas de que los Smurl revelaran sus auténticas identidades, Richard Bey nos prometió que aparecerían detrás de una pantalla para que nadie pudiera reconocerlos. Y para mantener su anonimato, nos referiríamos a ellos sólo como Janet y Jack. Bey accedió a todas nuestras condiciones y fijamos una fecha para la aparición televisiva de los Smurl.

EL APRENDIZ DE DEMONÓLOGO

La puerta del sótano estaba cerrada. Donald Bennett oyó como Ed y Lorraine Warren recorrían junto a otros dos miembros del equipo mediúmnico la parte delantera del adosado de Jack y Janet Smurl.

Le llegó el olor de especias procedente de un estante sobre la cocina (el aroma a nuez moscada era especialmente agradable) y sus ojos se movieron hacia el pomo de la puerta. Entonces se preguntó si haberse ofrecido voluntario para aquella tarea había sido una buena idea.

Pese a que tanto Ed como Lorraine ya habían bajado al sótano hacía un rato, donde Lorraine había recibido varias señales psíquicas claras y había declarado que el lugar era seguro, a Donald no le hacía ninguna gracia tener que bajar allí solo.

El miedo le hizo esbozar una tímida sonrisa; aquello era muy distinto a estar tumbado en la cama en casa de sus padres leyendo un libro de ocultismo mientras comía Fritos.

En los cinco meses que llevaba preparándose para este día, Donald había visto como varias personas abandonaban el programa. Incluso había sido testigo de cómo un corpulento militar terminaba llorando desconsoladamente después de pasar varias horas en una casa infestada de espíritus malignos.

Entonces Donald oyó como crujía el suelo. A la escasa luz del atardecer, la cocina estaba sumida en la oscuridad y el sonido de las viejas tablas de madera le sobresaltó.

Se dio la vuelta, mientras su mente daba forma a todo tipo de imágenes oscuras y aterradoras, y se encontró cara a cara con Ed Warren.

—¿Cómo estás, Donald?

—Ah, muy bien –dijo éste mientras tragaba saliva.

Ed sonrió.

—¿Te da miedo bajar?

—Me he ofrecido voluntario –dijo Donald.

Sin dejar de sonreír, Ed le puso una mano en el hombro al joven.

—Eso no significa que no puedas tener miedo; pese a presentarte voluntario, quiero decir.

Donald sonrió.

—Pensaba que sería más valiente.

—Eres muy valiente, créeme. De lo contrario no estarías en esta casa.

Donald posó la mirada en el desgastado pomo metálico.

—Si quieres, bajo contigo –le ofreció Ed.

Donald le dio las gracias con un gesto, pero luego se detuvo. Llevaba mucho tiempo esperando aquel momento, ¿y ahora iba a estropearlo todo?

—Creo que es mejor que baje solo –dijo Donald.

—¿Estás seguro?

Donald asintió.

—De acuerdo –dijo Ed–. Lorraine y yo estaremos arriba. –Empezó a darse la vuelta, pero se detuvo–. ¿Todo bien?

—Todo bien.

Ed volvió a sonreír con naturalidad.

—Debo admitir que me alegra de que lo hagas solo.

Donald se echó a reír.

—¿Por qué no bajas dentro de media hora y vuelves a decirme eso?

—Por todos los diablos –exclamó Ed–. Incluso te traeré una taza de chocolate caliente.

—Eso estaría genial –le aseguró Donald.

Sólo le quedaba bajar los escalones del sótano tal y como llevaba planeando desde hacía mucho tiempo.

Completamente solo.

◆ ◆ ◆

Después de preparar la grabadora y poner en marcha la cinta, sacó su cuaderno y empezó a tomar notas de todo lo que veía. Dividió el tiempo en períodos de cinco minutos.

En dos ocasiones oyó ruidos desconocidos y se incorporó bruscamente sobre la silla de respaldo recto en la que estaba sentado, pero cuando iluminó con la linterna a su alrededor, no vio nada fuera de lo normal o extraño.

Volvió a acomodarse lo mejor que pudo en la silla e intentó relajarse.

El sótano olía a agua jabonosa y al aroma dulzón del suavizante. En una de las pequeñas ventanas alargadas vio la suciedad acumulándose en la parte inferior del cristal y, en otra, un pedazo de cielo nocturno y nubes doradas circulando por delante de la luna menguante.

Pasado un rato, empezó a examinar minuciosamente el sótano con el haz de la linterna. Registró todos los rincones, todas las grietas, todos los lugares que un espíritu podía usar para entrar en la casa u ocultarse. Lo catalogó todo cuidadosamente.

Estaba de rodillas, apoyado en el suelo con las manos, cuando oyó algo que parecía un trozo de tiza raspando una pizarra. Se puso de pie tan rápido que se golpeó la cabeza contra el borde de la lavadora; se dio tan fuere que estuvo a punto de perder el conocimiento.

Se llevó la mano izquierda hasta el chichón que se le estaba formando rápidamente en la frente y entornó los ojos para intentar descubrir qué había provocado el ruido.

Y fue entonces cuando vio que el sonido venía de la secadora. El motor no debía de funcionar bien.

Y así es cómo lo encontró Ed Warren cuando bajó al sótano con la prometida taza de chocolate caliente: sentado en el suelo y sosteniéndose la cabeza por culpa de la herida que se había hecho a sí mismo.

—¿Qué ha pasado?

—Mejor que no lo sepas –dijo Donald.

Ed parecía preocupado.

Donald se sintió obligado a decírselo.

—Me he hecho daño y ni siquiera ha sido culpa de un espíritu –terminó su historia Donald.

Ed le ayudó a ponerse de pie y le dio el chocolate caliente. Entonces Ed señaló el reloj que llevaba alrededor de su gruesa muñeca.

—Sí, pero ¿sabes una cosa?

—¿Qué?– dijo Donald, todavía dolorido por el golpe.

—Has hecho lo que querías hacer. Querías pasar aquí abajo media hora solo y eso es justo lo que has hecho. –Pese a que la voz de Ed estaba llena de orgullo por lo que Donald había logrado, se dio cuenta de que el joven estaba profundamente inquieto.

—He aprendido algo aquí abajo –dijo éste finalmente.

Aunque sabía lo que Donald estaba a punto de decirle, Ed mantuvo el rostro inexpresivo y dejó que terminara de hablar.

—No… no estoy hecho para ser demonólogo, Ed. Es demasiado…, lo único que se me ocurre es aterrador. Aquí abajo he sentido cosas que preferiría olvidar cuanto antes. Yo…

Ed apoyó con firmeza una mano en el hombro de Donald.

—No tienes que justificarte, Donald. No eres la primera persona en tomar esa decisión y, obviamente, no serás la última.

—Supongo que me siento muy avergonzado.

Ed se echó a reír.

—¿Avergonzado de qué? ¿De no querer pasarte la vida buscando demonios en rincones y grietas oscuras? ¿Crees que puedes sentir vergüenza de algo así? –Y señalando la escalera con un gesto de la cabeza, añadió–: ¿Te apetece ir a comer una pizza?

—¿Hablas en serio?

Ed sonrió.

—Nunca bromeó sobre comer pizza.

◆ ◆ ◆

En la actualidad, Donald Bennett trabaja en una gran multinacional, está casado y aún tiene pesadillas sobre la media hora que pasó en aquel sótano. «Es algo que siempre se queda contigo. Sé que suena cursi, pero estuve ante la presencia del auténtico mal y me afectó de verdad. En cierto modo, incluso me paralizó. En aquel momento comprendí por qué hay tan pocas personas que se dedican a la demonología. Es un trabajo demasiado exigente».

Un viaje espeluznante

Kim, Shannon y Carin se quedaron en casa con John y Mary Smurl, Dawn fue de visita a casa de los Coleman en Nueva Jersey y, a primera hora de la tarde de un martes, Janet y Jack subieron a su furgoneta y pusieron rumbo a Filadelfia a través de la hermosa autopista de Pensilvania.

Era el mes de julio y las ondulantes colinas tenían un color verde intenso.

Jack: «El viaje empezó siendo muy relajante. Estábamos muy nerviosos por lo que íbamos a hacer, contar nuestra historia en la televisión, pero el viaje en sí fue muy agradable. El paisaje era genial y teníamos la oportunidad de estar solos y hablar de cosas normales. Entonces algo empezó a darme patadas en la espalda».

Jack notó la presión de una bota contra su columna vertebral. La patada fue tan fuerte que se dio contra el volante. Para evitar que el vehículo se saliera de la carretera, tuvo que reducir la velocidad y agarrar con fuerza el volante.

Janet se dio cuenta de que Jack estaba empapado en sudor y que tenía el rostro muy pálido.

—¡Algo me está golpeando!

Sin mediar palabra, Janet buscó el agua bendita que llevaba en un frasco de aspirinas. Rápidamente, roció el asiento trasero de la furgoneta y, acto seguido, recitó la oración que les habían enseñado los Warren.

Las patadas se detuvieron casi inmediatamente.

—Supongo que no quiere que contemos nuestra historia –dijo Janet.

Jack la sorprendió esbozando una sonrisa.

—Bueno, entonces me alegro aún más de hacerlo.

No obstante, el incidente en la furgoneta no sería la única experiencia demoníaca del día.

Cuando llegaron a Filadelfia, se registraron en un Holiday Inn. Cenaron agradablemente en un restaurante próximo y después regresaron a su habitación.

Llevaban veinte minutos acostados cuando el colchón empezó a sacudirse violentamente. A aquellas alturas ya estaban familiarizados con aquel tipo de incidente. Janet roció una buena cantidad de agua bendita y los temblores cesaron, al menos por el momento.

Hacia la medianoche, la presencia empezó a golpear el colchón con tanta violencia que Janet y Jack no tuvieron más remedio que sentarse en una silla y dedicarse a fumar mientras observaban la furia de la que era capaz el demonio.

Janet oyó las risas de una pareja que caminaba por el pasillo hacia su habitación. Parecían ligeramente borrachos y estar pasándolo muy bien.

Qué sencilla había sido nuestra vida, pensó.

Continuó mirando cómo la fuerza obscena golpeaba el colchón.

—Mañana estaremos tan cansados que lo que digamos en la tele no tendrá ningún sentido –dijo Janet.

—Creo que eso es exactamente lo que pretende, cariño –respondió Jack sombríamente.

Por la mañana, los Smurl estaban agotados y deprimidos. Ni siquiera en un motel lejos de casa podían dormir tranquilamente.

ED WARREN

Lorraine había estado resfriada toda la semana, así que cuando nos encontramos con los Smurl para desayunar, sólo tomó un huevo escalfado y una tostada.

El comedor no se diferenciaba mucho de la mayoría de los moteles modernos: bien amueblado, siempre y cuando sientas predilección por los muebles de madera laminada en lugar de la maciza, y con un diseño bastante grandilocuente. Una vez Lorraine comentó, medio en broma, que los moteles debían de contratar a «dueñas de burdeles para la decoración interior». No pude evitar mostrarme de acuerdo con ella.

Los Smurl no tenían buen aspecto; parecían nerviosos y cansados. Cuando nos contaron la noche que habían pasado, entendí el motivo. Se sentaron delante de nosotros y se dedicaron a jugar con la comida más que a comer. Por su tono de voz, supe que tenían dudas sobre su participación en el programa de televisión.

Aunque vi de reojo lo que le estaba pasando a Lorraine, al principio no entendí su significado.

Janet, sorprendida, exclamó:

—Está aquí.

Y no se equivocaba.

Estábamos sentados de espaldas a una pared blanca, y una entidad invisible se dedicaba a levantar la silla de Lorraine un centímetro y medio del suelo y a hacerla golpear contra la mesa.

Busqué a tientas el agua bendita en uno de mis bolsillos e, inmediatamente, empecé a recitar la oración que me sabía de memoria. Lorraine, quien estaba más que acostumbrada a las manifestaciones de la bestia, parecía ansiosa, y me cogió la mano mientras yo rezaba.

Finalmente, la entidad nos dejó en paz. Percibí cómo se retiraba: el aire se hizo menos denso, la presencia se encogió y después desapareció.

Lorraine sonreía valerosamente.

—Parece que hemos enojado bastante a alguien.

Aunque los Smurl también trataron de sonreír, sus expresiones no eran precisamente de júbilo. Su estado de ánimo no auguraba nada bueno para nuestra aparición en el programa de televisión de Richard Bey.

◆ ◆ ◆

Entrar en un moderno estudio de televisión se parece bastante a entrar en un submarino. Unas puertas gigantescas quedan selladas a tu espalda y te adentras en un espacio oscuro sólo perturbado por pequeñas zonas iluminadas por colosales focos. La gente se mueve como fantasmas por entre las profundas sombras, con portapapeles y auriculares.

El estudio consiguió que Janet y Jack se asustaran aún más.

El plató era similar al de la mayoría de los programas de entrevistas actuales. Nosotros estábamos sentados en el centro del escenario, mientras que el presentador, Richard Bey, lo hacía justo en el límite de la zona iluminada. Janet y Jack tenían al público justo delante, aunque estaban protegidos por una pantalla vaporosa.

Antes de que diera comienzo el programa, Bey habló con los Smurl para asegurarles que, dada la configuración de la iluminación, nadie vería sus caras desde casa.

Por primera vez en muchas horas, Janet se echó a reír.

—¿No es así cómo entrevistan a los mafiosos?

—¿En penumbra, quieres decir? –le pregunté.

Ella asintió.

—Pues, ahora que lo mencionas, la verdad es que sí –respondí devolviéndole la sonrisa.

◆ ◆ ◆

Richard Bey es famoso por ser un entrevistador incisivo. Aunque no es dado a los excesos, además de no mostrarse nunca malicioso ni mezquino, podría decirse que sus preguntas siempre buscan el ángulo más incómodo.

Elegante, bronceado, seguro de sí mismo, Bey logró parecer auténticamente interesado en la difícil situación de los Smurl mientras transmitía cierto escepticismo respecto a algunas de sus experiencias.

Hizo las preguntas que le interesaban a su audiencia. ¿Cómo sabían los Smurl que sus experiencias no estaban provocadas por causas naturales? ¿Eran una familia problemática y, por tanto, dada al tipo de histeria habitual en los hogares desestructurados? ¿Alguna vez habían pedido ayuda profesional, por ejemplo, a un psiquiatra, para que les ayudara a lidiar con los fenómenos que los acosaban?

Éste era el tipo de preguntas que las personas como los Smurl siempre debían responder al principio de una entrevista.

Sin embargo, pasados unos diez minutos, pasó algo muy curioso. Momentos antes, tanto Bey como el público se habían reído de vez en cuando demostrando cierta incomodidad, pero cuando Janet y Jack empezaron a explicar en detalle todos los incidentes, desde la misteriosa forma oscura que recorría la casa de un lado al otro hasta la violación de Jack o cuando Shannon fue arrojada por la escalera, se produjo un cambio gradual tanto en Bey como en el público.

Si antes se habían mostrado escépticos, entonces parecían cautivados y muy serios.

Lorraine y yo corroboramos la historia de los Smurl. Ante la pregunta inevitable de por qué no se habían limitado a mudarse, aproveché para introducir una experiencia propia. Expliqué que, una vez, mientras estaba en Inglaterra, grabé la horrible voz de un demonio diciéndome exactamente lo que estaba haciendo mi mujer en aquel mismo instante pese a que ésta se encontraba a más de 1500 kilómetros de distancia, en Connecticut. «Las entidades preternaturales, que son negativas, trascienden la distancia, el espacio y el tiempo y pueden seguir a una persona donde quiera que vaya», aseguré a la audiencia. Para confirmarlo, indiqué que el demonio había seguido a los Smurl hasta Filadelfia, convirtiendo su noche en el motel en un infierno.

A continuación, Janet y Jack hablaron de los dos exorcismos. El público parecía especialmente fascinado por el tema. Les preguntaron si el ritual había sido igual al de la película *El exorcista*. Janet y Jack aseguraron que en la película lo habían exagerado con fines dramáticos.

Mientras hablaban, el padre McKenna llamó para dirigirse al público en el estudio. Explicó por qué algunos de sus exorcismos funcionaban y otros no. Pese a no tener ninguna prueba en este sentido, aseguró que, según creía, el ritual religioso no había tenido éxito en este caso debido a algunos objetos ocultistas que debían de estar enterrados debajo de la casa de los Smurl.

Durante toda la entrevista, Janet sólo se mostró molesta en una ocasión, concretamente cuando surgió el tema de la Iglesia Católica. Janet dijo que la familia no había recibido prácticamente ayuda alguna por parte de la Iglesia. Lorraine le dio la razón, añadiendo que era muy triste el modo en que algunas iglesias tratan a las familias que padecen una infestación demoníaca, instando, por último, a los representantes eclesiásticos a que dedicaran más tiempo a ayudar a estas familias en lugar de dudar de ellas.

Richard Bey me preguntó:

—¿Los demonios tienen miedo de algo?

—En realidad, sólo temen una cosa, Richard. El poder de Dios.

—¿Puede invocarse ese poder?

—Sí, a través de la oración.

Sonriendo, Bey dijo que, después de todos los años que llevábamos trabajando como investigadores mediúmnicos, no debíamos de ser los mejores amigos de Satanás.

—Él sabe quiénes somos –respondí–. Hemos oído cómo gritaba nuestros nombres en muchas casas infestadas.

—¿Tienes miedo?

Lorraine intervino:

—Por supuesto que sí, Richard. Claro que lo tenemos.

Entonces Bey se interesó por si los demonios perseguían a los amigos de los Smurl que habían visitado la casa.

—Por desgracia, sí –dijo Janet, y luego pasó a relatar algunas de las experiencias más inquietantes que habían vivido amigos suyos.

Finalmente, llegó el momento de las preguntas del público.

Una mujer, obviamente alterada, dijo:

—¿Pueden los demonios seguir a cualquier persona del público a su casa?

Risitas nerviosas.

—Es posible –le dije–, pero muy poco probable. –Añadí que, el mero hecho de hablar de ellos en el programa, significaba que estábamos dando reconocimiento al mundo de las tinieblas–. Por eso mismo –terminé–, antes de empezar el programa he visualizado a todo el público a la luz de Cristo, para evitar males mayores.

Otra mujer del público contó una experiencia que había tenido con una tabla *ouija* y cómo le había dicho que iba a ir al infierno. Lorraine advirtió rápidamente, tanto al público presente como a los espectadores que nos estaban viendo desde sus casas, sobre el peligro que representan las tablas *ouija*, asegurando que en la mayoría de los casos que habíamos investigado, las personas habían invitado a los demonios durante el primer contacto con el mundo sobrenatural a través de herramientas como las tablas *ouija*.

Hubo otras preguntas del público del plató y, como siempre ocurre, descubrimos que aquellos que habían venido con la intención de burlarse terminaron convirtiéndose en los más interesados tanto en los fenómenos sobrenaturales como en los paranormales, campos que están estrechamente relacionados.

No obstante, ni Janet ni Jack lograron relajarse en ningún momento. Lorraine y yo no dejamos de mirar en su dirección mientras sonreíamos. No hay que olvidar el infierno que estaban viviendo. Habían pasado una noche terrible y en ese momento les pedían que contaran algunos de sus secretos más íntimos ante una audiencia televisiva. No es el tipo de examen de conciencia que muchos de nosotros haríamos gustosamente en público.

La última pregunta de Richard Bey fue la más sombría de todas. Me preguntó cuál creía que era el objetivo final del demonio.

Respondí sin rodeos.

—Pretende destruir a la familia Smurl.

—¿Por qué?

—Según nuestra experiencia, las fuerzas diabólicas odian a las familias que se quieren. Los Smurl viven según la palabra de Dios y eso es algo que al demonio le resulta absolutamente repugnante. Por eso quiere destruirlos.

Bey quiso saber si podíamos detener al demonio.

—Espero que sí –respondí.

Me habría gustado transmitir una mayor confianza y resolución, pero teniendo en cuenta todo lo que había sucedido en los últimos meses, además de otros casos en los que habíamos participado, era consciente de que de vez en cuando los demonios terminaban ganando, hasta que algún investigador psíquico o un miembro ordenado del clero descubría un modo de hacerles frente.

El programa terminó y el público aplaudió largo y tendido. Descubrí en el rostro de la agotada pareja algo que se parecía bastante a la gratitud.

—El público ha sido muy amable con nosotros –dijo Janet posteriormente.

—Se han dado cuenta de que decíais la verdad y eso ha hecho que os ganarais su respeto.

—¿Qué hacemos ahora? –intervino Jack, dirigiéndose a mí.

—Lo único que *podemos* hacer es esperar a ver qué pasa. Estaremos en contacto telefónico constante.

Con los ojos húmedos, Janet dijo:

—Ahora mismo, lo único que quiero es ver a mis hijas.

Lorraine se inclinó y le dio un beso en la mejilla.

—Es una idea excelente. ¿Por qué no os marcháis ya? Así estaréis en casa a la hora de la cena.

Nos despedimos en el aparcamiento sin dejar de sonreír en ningún momento.

Sin embargo, al quedarnos solos, le dije a Lorraine:

—No acabo de estar muy convencido con lo del programa.

—Lo sé –dijo Lorraine–. Lo sé. Me da miedo lo que pueda pasar en los próximos días. Si el demonio estaba tan enfadado como para seguirlos hasta aquí…

No hizo falta que terminara la frase.

El demonio contraataca

Durante las dos semanas siguientes, la vida en el adosado de los Smurl, en West Pittston, se hizo casi intolerable.

Tal y como temían los Warren, los incidentes se volvieron más violentos.

◆ ◆ ◆

Mary: «El día que Janet y Jack salieron en el programa de televisión fue uno de los peores en nuestra parte de la casa. Los golpes eran tan fuertes que no pudimos soportarlo más y tuvimos que salir de casa. Cuando el ruido se hizo más tolerable, volvimos a entrar con las chicas, pero entonces los golpes empezaron en el adosado de Janet y Jack. Hacía tanto ruido que no pudimos pegar ojo en toda la noche».

John: «Ese mismo día empecé a padecer otra vez los resfriados psíquicos. Era como si algo estuviera apoderándose de mi calor corporal. Recuerdo que los temblores eran tan fuertes que tenía miedo de romperme algún diente. También estaba preocupado por Mary. Debido a la enfermedad de corazón que padecía, el médico nos había dicho que lo peor que podía pasarle era estar en una situación de estrés continuo, que era precisamente la situación en la que estábamos, de constante estrés».

◆ ◆ ◆

Tres noches después, mientras dormía, Janet Smurl notó como las sábanas se aflojaban sinuosamente de su cuerpo y resbalaban hasta el suelo.

Parpadeó unas cuantas veces para aclararse la vista y tuvo la repentina y desorientadora sensación de estar perdiendo el control de su propio cuerpo. Fue entonces cuando se dio cuenta de que estaba suspendida en el aire.

Lo más sorprendente, no obstante, era que estaba flotando por la habitación boca abajo.

Como si estuviera en una especie de atracción en una sala sin gravedad, topó contra la pared del dormitorio y rebotó.

Entonces, el demonio dejó de divertirse con ella y empezó a hacerle daño.

Janet: «Como puedes entender, es algo que no olvidaré nunca. Me hizo dar unas cuantas vueltas por la habitación y después me arrojó contra la pared del fondo. Justo antes del impacto, me protegí la cabeza con las manos para evitar daños graves. Entonces el demonio me volteó rápidamente, dejándome en una posición tal que tenía las manos y los brazos completamente extendidos. Apenas tuve unos cuantos segundos para colocarme en posición fetal porque me di cuenta de que el demonio pretendía lanzarme de nuevo contra la pared; esa vez quería romperme las manos y los brazos. Durante todo ese tiempo, no dejé de gritar para despertar a Jack, incluso llegué a suplicarle, pero, por supuesto, el demonio se había asegurado de inducirle un profundo sueño psíquico. No soy capaz de describir qué pasó exactamente a partir de ese momento. Debía de estar en una especie de trance. Aunque veía con claridad el oscuro dormitorio, al mismo tiempo tenía la sensación de estar atrapada entre dos mundos, éste y el más allá, casi como si estuviera debatiéndome entre la vida y la muerte. Entonces, de repente, descubrí que volvía a estar acostada al lado de Jack, sollozando desconsoladamente. Jack se despertó e intentó calmarme mientras me preguntaba qué había pasado. Le enseñé los moretones que me había hecho el demonio al lanzarme contra la pared y después volví a sollozar. Tenía miedo de perder definitivamente el control. ¿Sabes a qué me refiero?

¿Cuando sientes que ya no puedes controlar las cosas? Pues así es cómo me sentía. De verdad, me sentía incapaz de seguir lidiando con la situación».

◆ ◆ ◆

La experiencia que puso a prueba la resistencia de Jack tuvo lugar la noche siguiente.

Jack: «Las chicas sabían lo que le había pasado a su madre, lo de la levitación y todo lo demás, así que la dejaron descansar todo el día y se ocuparon de todas las tareas de la casa. Incluso me ayudaron a preparar la cena. Se daban cuenta del precario estado de salud de su madre. Para tranquilizarla, le dije que llamara a Ed y Lorraine mientras yo estaba en el trabajo. Hablar con ellos le ayudó mucho. Cuando llegué a casa, cenamos y vimos un poco la tele. Janet estaba agotada, exhausta, así que acostamos pronto a las niñas y nosotros nos fuimos a la cama poco después. Según el reloj digital, me quedé dormido aproximadamente media hora antes de oír aquella cosa».

La «cosa» a la que se refiere Jack era una criatura de aproximadamente dos metros y medio de altura que caminaba erguida, pero que tenía una cabeza peluda de cegadores ojos rojos y hocico porcino sobre unos hombros anchos. De pie delante de la cama, babeando y echando espuma por la boca, la criatura rasgó el aire con unos dedos cadavéricos que parecían querer amenazar a Jack con eviscerarlo. Si sus facciones eran repugnantes, aún lo eran más los indescriptibles sonidos que salían de sus labios, que se asemejaban a dos trozos de hígado, cada vez que respiraba y tragaba saliva.

Janet: «El grito de Jack me despertó y, casi inmediatamente, yo también empecé a gritar pese a que la criatura que después me describió ya había desaparecido. Nunca había visto a Jack tan perturbado por algo. Había saltado de la cama y estaba hecho un ovillo en el suelo. Gracias a la luz de la luna, vi que tenía todo el cuerpo cubierto de sudor. Tenía los puños apretados y no dejaba de golpear con ellos el suelo. No supe qué emoción le dominaba con mayor intensidad, si el miedo o la ira. A toda la familia le ocurría lo mismo. Aunque estábamos *cansados* de tener miedo, no queríamos ceder ante los ataques del demonio. Me senté en el suelo junto a Jack y le acaricié lenta y suavemente la espalda, tratando de calmarlo. Seguía respirando agitadamente. Tardó unos diez minutos en calmarse, y entonces me dijo: "Ahora sé lo que nos espera en el infierno". Pese a que intentó describirme una vez más a la criatura, no encontró las palabras adecuadas para hacerlo. De todos modos, yo tampoco tenía mucho interés en imaginármela. No hizo falta que me convenciera mucho para saber que la forma que había asumido el demonio era repugnante; tenía la experiencia suficiente para saberlo. Metí a Jack en la cama y bajé a la cocina para ir a buscar un vaso de agua. Cuando volví, tenía un rosario entre las manos y movía los labios en silencio, rezando una oración. Sin embargo, no pude apartar la mirada de sus ojos. Todavía parecía estar conmocionado. Obviamente, no podía sacarse de la cabeza lo que acababa de ver. Estuvo despierto toda la noche en aquel estado».

◆ ◆ ◆

Durante las semanas siguientes, varios miembros del equipo de los Warren visitaron a los Smurl, y todos regresaron con una historia aún más extraña que la anterior sobre el drama en que se había convertido la vida de la familia.

Gloria Dmohoski, la madre de Janet, durante una visita a la casa oyó una voz muy parecida a la de Jack que la llamaba. Sin embargo, cuando lo comprobó, descubrió que no era Jack, sino una voz que salía de la nada.

Unos días después, Mary Smurl oyó una voz similar que también la llamaba. También en este caso, registró toda la casa pero no encontró nada. Al día siguiente, Jack sufrió un ataque a las dos de la madrugada por parte de una fuerza invisible que le quemó las piernas con algún tipo de fuente de calor muy potente. Sólo el agua bendita consiguió aliviarle el dolor abrasador.

Janet y Jack no pudieron dormir en toda la noche porque el teléfono no dejó de sonar. Las chicas también se despertaron, y la pareja se pasó gran parte de la noche tratando de convencerlas de que todo iba bien.

A la noche siguiente regresaron los porrazos en las paredes. En esa ocasión, en series de tres golpes, un claro signo del demonio.

La misma noche, hacia a las tres de la madrugada, el teléfono volvió a sonar en series de tres timbrazos. La familia al completo se levantó de la cama y bajó a la cocina, donde Janet preparó bocadillos para todos. Janet fue capaz de encontrarle el lado cómico a la situación: «¡Qué forma tan ridícula de hacer un pícnic!», le dijo a su familia mientras continuaban los golpes en la pared.

◆ ◆ ◆

El incidente de la noche siguiente no fue tan divertido.

Hacía muchísimo calor, hasta el punto que en West Pittston se batieron récords de máxima temperatura. Janet y Jack dormían con muy poca ropa y con todos los cubrecamas, salvo la sábana, en el suelo.

En la calle ladró un perro, una motocicleta con una pareja que regresaba tarde después de una cita pasó por delante de la casa y las sombras de las pesadas hojas de un arce revoloteaban sobre el cuerpo dormido de Jack. Janet observó a su marido con cariño. Después de la pesadilla que habían vivido los últimos años, lo admiraba y respetaba más que nunca.

Janet: «Mientras estaba acostada en la cama, cada vez más emocionada al pensar en nuestra relación, noté cómo se formaba la niebla delante de mí. Era muy fina, casi como un rocío marino, y la percibí antes de verla. Recuerdo que intenté tocarme la cara, pero me di cuenta de que no podía mover el brazo. Estaba en una suerte de estado hipnótico. Entonces apareció el hombre. Tenía unos ojos muy brillantes, casi como luces de neón, de un color entre amarillo y verde, y dos cuernos de animal le sobresalían de la cabeza. Curiosamente, también tenía un bigote muy tupido. La niebla le cubría la cara, por lo que no podía distinguir sus rasgos; sólo unos ojos que ardían en los huecos de su rostro. No me cupo ninguna duda sobre cuáles eran sus intenciones, y recuerdo que pensé que me hubiera gustado llevar algo más de ropa puesta. Sabía que tenía que romper el hechizo con el que me dominaba si quería evitar que hiciera lo que había venido a hacer. Intenté gritar varias veces, pero me resultó imposible, y entonces recité el avemaría. La voz se me quebraba y sonaba como la de un niño, muy débil, pero al menos podía oírme a mí misma. En cuanto dije las primeras palabras de la oración, los ojos de la criatura brillaron con un odio aún mayor. Entonces, supongo que debido a la desesperación, de repente la voz empezó a sonar con más fuerza y vi como la criatura empezaba a desvanecerse. Recuperé la movilidad del brazo. Cogí la botella de agua bendita y rocié a la criatura con ella, tras lo cual desapareció por completo».

♦ ♦ ♦

Jack: «Había llegado la hora de tomar medidas drásticas y ambos lo sabíamos. Debíamos tener en cuenta las ventajas y los inconvenientes. Las ventajas, por supuesto, eran que si lo hacíamos público, si revelábamos nuestros nombres e identidades, alguien podría oír la historia y ponerse en contacto con nosotros con la información que necesitábamos para limpiar la casa de demonios. Esperábamos que hubiera alguien en algún lugar que hubiera pasado por lo mismo que estábamos pasando nosotros y pudiera ofrecernos una salida. Tenía que haber otras personas que hubieran vivido alguna vez el mismo tipo de experiencia sobrenatural. Incluso nos dijimos, al hablar de ello, que cuando la oficina de la diócesis se enterara, se sentirían avergonzados y acabarían ayudándonos. ¿Cómo iban a rechazarnos ahora que nuestra historia era de dominio público? Los inconvenientes eran los mismos que llevábamos tiempo temiendo, es decir, que en cuanto el público descubriera nuestra historia, se volviera contra nosotros, nos acusara de estar locos o de buscar la popularidad. Tanto Janet como yo somos muy orgullosos, especialmente en lo que concierne a nuestras hijas, y no queríamos verlas sometidas al ridículo y la sospecha.

Sin embargo, cuantas más vueltas le dábamos, más convencidos estábamos de que teníamos que hacerlo público con la esperanza de encontrar a alguien que nos ayudara, incluso si con ello nos exponíamos al ridículo».

ED WARREN

El domingo de esa misma semana, los Smurl nos llamaron después de mantener una larga conversación en un restaurante, y nos comunicaron que habían decidido hacer pública su historia de verdad, sin ocultarse detrás de una pantalla para mantener en secreto sus identidades.

A Lorraine y a mí nos pareció que la repentina decisión de fomentar el debate público sobre el caso ofrecía una muy buena oportunidad para que la diócesis de Scranton empezara a tomarse en serio por fin lo que estaba ocurriendo en West Pittston. Estuve de acuerdo con Jack, mientras hablamos por teléfono aquella noche, en que cabía la posibilidad de que alguien versado en la historia de West Pittston contactara con ellos con información vital.

También planteé la posibilidad de llevar a cabo otro exorcismo. «¿Otro? –dijo Jack–. Pero si ya hemos hecho dos, Ed».

Le expliqué que, a veces, eran necesarios varios exorcismos, y que habíamos participado en algunos casos en los que habían sido necesarios más de una veintena antes de poder expulsar a las entidades diabólicas de la casa.

Entonces le advertí sobre la posible reacción pública.

—Lo sé –dijo Jack con un suspiro–. Puede ser bastante negativa.

Escogí mis siguientes palabras con cuidado; aunque no deseaba perturbarlo excesivamente, quería que entendiera la gravedad de lo que estaba a punto de decirle.

—La reacción pública no tarda mucho tiempo en tener vida propia, Jack. Puede convertirse rápidamente en un circo, sobre todo si se involucran los medios de comunicación. Un día puedes ser un héroe y, al siguiente, un sinvergüenza o un mentiroso. Debéis tener mucho cuidado, especialmente cuando se trata de temas sobrenaturales. –Hice una pausa–. Sólo quiero que seáis conscientes de ello.

—¿Nos estás diciendo que no lo hagamos?

—No, sólo intento prepararos. Somos amigos, Jack.

Después de un prolongado silencio, Jack dijo:

—Hemos de hacerlo, Ed. No tenemos más remedio.

A pesar de todos los argumentos que le había dado de lo contrario, sabía que tenía razón.

Después de una violación sobrenatural y de al menos dos incidentes que habían estado a punto de costarles la vida, y sin una aparente solución a la vista, Janet y Jack no tenían más remedio que aceptar el riesgo de exponerse al capricho y, a veces, a la crueldad de la exhibición pública.

LA REENCARNACIÓN DEL DIABLO

P: Jack, ¿podrías explicar qué pasó la noche que la bestia se te apareció?

R: No fue un momento agradable.

P: ¿Qué quieres decir?

R: *[Un largo silencio]* Que empezábamos a preguntarnos si había *algo* que pudiéramos hacer para mejorar nuestra situación.

P: ¿Podrías explicarlo mejor?

R: Bueno, esto ocurrió unos días después de que decidiéramos hacer pública nuestra historia.

P: Entiendo.

R: Algunas semanas después de nuestra aparición en televisión.

P: ¿Cómo fue la reacción tras vuestra aparición en el programa de Richard Bey?

R: Ése es el problema. Recibimos muchas llamadas de apoyo, y al menos no nos llamó ningún chiflado, pero, por desgracia, nadie tenía una solución a nuestro problema. Lo único que podían hacer era desearnos mucha suerte.

P: Entonces ¿fue un momento deprimente?

R: Sí. Como sabes, la actividad paranormal había sido muy intensa. La forma oscura apareció en la habitación de Shannon en mitad de la noche y estábamos muy preocupados por ella. No pudimos lograr que dejara de llorar. Nunca la habíamos visto tan afectada. Por mucho que hiciéramos o dijéramos, no pudimos calmarla.

P: ¿También le pasó algo a Dawn?

R: Sí. Un día se despertó a las cinco de la mañana y bajó a buscar un vaso de agua. Mientras bajaba la escalera, oyó tres golpes fuertes en la puerta de la calle. Subió a buscarme, pero cuando bajé, no había nadie. Los dos volvimos a la cama y, durante los siguientes quince minutos, nos lo hizo pasar realmente mal a Janet y a mí: golpes en el interior del armario, los tres cajones de la cómoda se abrían y cerraban solos, los tiradores se movían arriba y abajo. No obstante, todo eso había sido su procedimiento operativo habitual de las últimas semanas. Después del programa de televisión, parecía tener la necesidad de restablecer su dominio.

P: ¿Podrías explicarnos el incidente de Simon?

R: Estábamos en la cama. Janet estaba dormida, pero yo no lograba conciliar el sueño. De modo que me puse a fumar en la oscuridad. Entonces oí jadear a Simon. No puedo describirlo de otro modo. Parecía como si se estuviera ahogando y tuve un terrible presentimiento. Quiero a Simon casi tanto como a mis propias hijas. Cuando me moví para bajar de la cama y comprobar qué le ocurría al perro, sentí una presencia en la cama muy cerca de mí. No la vi, sólo la percibí. Oí un potente latido, muy regular y ruidoso, que llenaba toda la habitación, y entonces algo me agarró el brazo derecho con tanta fuerza que pensé que me lo iba a aplastar. Un olor fétido me llenó las fosas nasales y tuve la sensación de estar a punto de desmayarme. Alargué la mano izquierda hacia la mesita de noche. Recuerdo el sonido de varias cosas cayendo al suelo, aunque en aquel momento era la menor de mis preocupaciones, y no sé muy bien cómo, pero logré echar mano del recipiente con el agua bendita. Me la eché por encima y recité la oración que Ed y Lorraine nos habían enseñado. Finalmente, la presencia desapareció.

P: ¿Y Simon?

R: Cuando llegué a su lado, estaba bien, gracias a Dios. Estaba asustado, naturalmente. Estaba acurrucado en un rincón y seguía gimiendo débilmente, pero cuando lo acaricié, se calmó.

P: ¿Volviste a acostarte?

R: Sí.

P: ¿Sucedió algo más aquella noche?

R: Sí. Un poco más tarde fui al cuarto de baño y lo vi. Nada de lo que había visto antes podría haberme preparado para aquello.

P: ¿Puedes describirlo?

R: Lo intentaré. Ojalá se me dieran mejor estas cosas. *[Pausa]* Era enorme, de eso no cabe duda. Tenía dos patas como de animal, diría que parecidas a las de los caballos, y su rostro era parte humana y parte, el hocico, quiero decir, era de algún animal, con unas fosas nasales negras y húmedas y pelaje marrón que le cubría gran parte de la cabeza y la cara. Tenías caderas prominentes y cubiertas de pelo y unos ojos que… brillaban, no sé describirlo de otra forma. Aunque brillaban, también tenían aspecto humano. Al verme, rasgó el aire con unas manos, o pezuñas, que parecían en parte humanas y en parte de alguna bestia. Emitía un resoplido que resultaba profundamente nauseabundo. Sólo pude echarle un rápido vistazo porque, en cuanto encendí la luz, la criatura se abalanzó sobre mí. Lo que resultaba más amenazador era su tamaño. Por lo menos debía de medir dos metros de altura. En lo único que pude pensar fue en que parecía una amalgama terrorífica entre un caballo y un ser humano, y entonces aquella cosa arremetió contra mí.

P: ¿Qué hiciste?

R: Correr por el pasillo.

P: ¿Te persiguió?

R: Por supuesto. Aunque hay una alfombra en el pasillo, me perseguía con tal potencia que oía las pisadas de sus pezuñas en el suelo.

P: Por cómo la describes, se parece mucho a la criatura que habías visto hacía unas semanas.

R: Exacto, pero aquella tenía algo que la hacía mucho más aterradora.

P: ¿Qué hiciste?

R: Me metí en la cama, me pegué contra la cabecera e intenté alcanzar el agua bendita.

P: ¿Cómo que lo intentaste?

R: La criatura seguía rasgando el aire con sus garras.

P: ¿Y qué ocurrió entonces?

R: Cogí un libro de oraciones de la mesita de noche y lo levanté en dirección a la criatura, y ésta atravesó la cama.

P: ¿Cómo que atravesó la cama?

R: Sí, como lo oyes. Fue muy real; olí, oí y sentí cómo atravesaba corriendo la cama, y después desapareció por la pared.

P: ¿Estás seguro de que no fue un sueño?

R: Sí, porque sentado en la cama, completamente conmocionado, estaba al borde de las lágrimas y, por mucho que lo que intenté, no pude despertar a Janet, seguía percibiendo el olor de la criatura en la habitación. Y Janet también lo olió cuando por fin se despertó.

P: ¿Esta experiencia no te hizo replantearte la decisión de hacer público vuestro caso?

R: No, en cierto modo nos convenció aún más de que era la única opción que nos quedaba porque la entidad cada día se volvía más violenta. Mary y John volvieron a sufrir algunos incidentes y pasaron varias noches sin dormir por culpa de los golpes. Además, algunos vecinos empezaron a verse afectados por la situación.

P: ¿Qué vecinos?

R: Daniel y Louise Harrington.

Declaración de Louise Harrington

Hace unos meses empezaron a sucederle cosas extrañas a mi familia: a mi marido Daniel, que trabaja en una compañía de seguros; a mi hija Julie, que tiene 21 años, y a mi hijo Darrell, de 16. Janet Smurl me había contado algunas de las cosas que habían pasado en su casa.

Soy enfermera titulada, por lo que conozco de primera mano los estragos que pueden llegar a producir las enfermedades mentales, por ejemplo, el convencimiento de la persona psicótica de que ha sucedido algo cuando en realidad no es así.

Aunque, evidentemente, no creía que Janet ni ningún otro miembro de su familia fuera psicótico, las historias que contaba eran tan extrañas que, sinceramente, no sabía qué pensar.

Actualmente, gracias al cine y la televisión, todos tenemos al menos una idea aproximada de lo que es el mundo de lo oculto. Sin embargo, lo que Janet me contó no tenía nada que ver con lo que había visto en la pantalla. Su historia no parecía tan dramática como el cine nos quería hacer creer; para empezar, no había monstruos, aunque sí había malos olores, golpes prácticamente constantes en las paredes y los apliques de iluminación se caían del techo.

Pese a que las historias parecían plausibles simplemente porque las contaba Janet, una persona muy sensata, no podía evitar preguntarme si su imaginación no le habría jugado una mala pasada.

El verano de 1986 descubrí de forma repentina y concluyente que Janet no me había mentido.

Durante las calurosas noches de verano, mi marido y yo solemos quedarnos hasta tarde viendo la televisión. Incluso con todas las ventanas abiertas, en la casa hace demasiado calor para poder pegar ojo varias horas seguidas. Te despiertas bañado en sudor.

En aquella noche de verano en particular se alcanzaron temperaturas máximas históricas, de modo que nos quedamos viendo un *thriller* y bebiendo té helado. Eran las dos de la mañana y la película acababa de empezar. El día siguiente era sábado, por tanto, podríamos dormir hasta tarde.

Cuando la película llevaba unos cinco minutos, empezaron los gritos.

Eran tan horribles que, al principio, pensé que eran falsos. Quiero decir que en el cine las mujeres gritan de un modo muy distinto a como lo hacen en la vida real. Aquéllos se parecían más a los que suelen oírse en las películas.

Los gritos duraron aproximadamente un minuto antes de detenerse.

—Madre mía –dijo mi marido–, ¿qué ha sido eso?

—No lo sé –le dije.

Mi marido se levantó, salió al porche delantero, echó una mirada y volvió a entrar en la casa.

—No he visto nada.

El corazón me latía aceleradamente. Esperamos unos minutos antes de volver a centrarnos en la película.

Veinte minutos después volvimos a oír los gritos.

Esa vez eran tan penetrantes, agudos y aterradores que literalmente di un salto en el sofá.

—Vienen de la casa de los Smurl –dijo Daniel.

—Pero es imposible –repuse–. Janet me dijo que se iba con toda la familia de acampada este fin de semana. Hemos visto cómo se marchaban esta mañana, ¿recuerdas?

—Dios mío, es verdad –dijo Daniel–. Entonces ¿qué…?

Otra andanada de gritos perturbó el aire nocturno. Debido a que nuestra casa está muy cerca de la de los Smurl, el grito de la mujer podía proceder perfectamente de nuestra propia sala de estar.

Daniel fue hasta la ventana lateral para echar un vistazo a la casa de los Smurl. Al ver que los gritos no cesaban, dijo:

—Parecen salir de la habitación de Dawn y Kim.

Y, al parecer, no se equivocaba. Me quedé mirando un buen rato la casa, atenta a los torturados sonidos pese a que empezaba a estar muy asustada y exasperada.

—Pero ¿quién puede estar ahí? –dije.

Daniel me recordó lo que Janet nos había contado acerca de la infestación.

Sólo podía pensar en fantasmas recorriendo la casa enfundados en sábanas, como niños en Halloween, aunque sabía que a lo que nos enfrentábamos aquí era muy real y serio, tal vez incluso mortal.

Ninguno de los dos durmió bien aquella noche. Nos levantamos muchas veces para comprobar que las niñas estaban bien. De un modo instintivo, comprendíamos que la fuerza que dominaba la casa de los Smurl, y por entonces no teníamos ninguna duda de que lo que Janet nos había contado era absolutamente real, podía amenazar de algún modo a nuestros hijos.

En cuanto Janet y Jack regresaron, fuimos a verlos para contarles la experiencia. Ellos nos dieron algunos consejos que habían aprendido de sus amigos Ed y Lorraine Warren, además de pedirnos que rezáramos para que la entidad no nos incluyera a nosotros en sus malévolos planes.

Unas cuantas noches después, sin embargo, Daniel y yo descubrimos que la entidad había decidido perturbar también nuestras vidas.

Nuestra hija Julie es estudiante universitaria. Si el término «normal» puede aplicarse a alguien, sin duda Julie es una de ellas, pues pasa la mayor parte de su tiempo en un mundo de pizzas, *rock and roll*, chicos y, afortunadamente, muestra una actitud muy seria por los estudios.

Eran aproximadamente las dos de la madrugada y estaba viendo la tele después del trabajo (tengo un turno nocturno y llego a casa muy tensa). Mi marido estaba durmiendo en el dormitorio delantero y Darrell en el del medio. La habitación de Julie está en la otra punta de la casa.

Julie se despertó al oír unos arañazos en la ventana. Su habitación no tiene ningún árbol ni arbustos cerca y está situada en el segundo piso. Se preguntó si alguien estaba intentando colarse en la casa.

Por supuesto, yo no me enteré de nada hasta que Julie bajó y me dijo:

—Hay algo en mi habitación, mamá. Y hace mucho frío. —Entonces me contó lo de los arañazos en la ventana.

Como no sabía muy bien qué hacer, le dije, con actitud protectora, que se tumbara un rato conmigo. Su miedo era contagioso; yo también tenía miedo de entrar en su habitación. Se quedó dormida a mi lado hasta las cuatro, más o menos, y después la llevé a su habitación. Ninguna de las dos durmió bien aquella noche.

Por desgracia para ella, aquél no fue el único incidente sobrenatural que viviría.

Una semana después del primer incidente, bajó corriendo las escaleras vestida con un camisón amarillo. Estaba congelada, se protegía fuertemente el pecho con los brazos y le castañeteaban los dientes. Me pregunté si tendría fiebre.

Julie: «Me quedé dormida y, cuando empecé a despertarme, me di cuenta de que tenía la piel de gallina en todo el cuerpo y que estaba temblando. En invierno, a veces te destapas sin querer mientras duermes y te levantas completamente congelado. Bueno, pues aquello fue algo parecido pero peor. Me temblaba todo el cuerpo y no podía hacer nada por evitarlo. Cuando me desperté del todo, era como estar dentro de una cámara frigorífica. Literalmente. El problema fue que estábamos en verano y la noche era muy calurosa. Y otra vez sentía aquella presencia en la habitación conmigo. Sentí la tentación de no moverme de la cama porque aún estaba somnolienta, pero sabía que podía pasarme algo malo si no me obligaba a levantarme e ir a buscar a mi madre».

Cuando le conté a Janet Smurl la experiencia de Julie, me dijo que eso también les había pasado muchas veces a sus hijas. También le describí a Janet otras cosas extrañas que nos habían estado pasando, por ejemplo, que la puerta de la calle se abriera y se cerrara sola en mitad de la noche. Al principio pensé que era nuestro hijo, Eddie, que llegaba tarde, pero cuando bajé a comprobarlo, vi cómo se abría y se cerraba sola. Pasó dos veces, y ninguna de las dos había nadie.

Por supuesto, Janet sabía de primera mano que mi familia estaba siendo afectada por la infestación de su casa. Una tarde, mi hijo Darrell estaba en casa de los Smurl con Dawn y el primo de ésta, Scott

Bloom. Dawn y Scott fueron a la cocina y dejaron a Darrell solo en la sala de estar. Se quedó allí varios minutos, leyendo una revista, y entonces oyó unos golpes procedentes de la mesita del café. Miró debajo de ésta, pero no vio nada. No había nada que pudiera provocar los golpes.

Entonces comprendió que había una presencia en la habitación. Los golpes continuaron cuando Dawn y Scott regresaron. Darrell le describió a Dawn lo que había ocurrido.

—No te preocupes –le dijo Dawn–. Ya te acostumbrarás.

Pero, curiosamente, Darrell se sintió exhausto, agotado. Más tarde, Janet me explicó que la entidad absorbía energía de los seres humanos para mantenerse activa. A mí lo único que me importaba cuando Darrell apareció por la puerta y me contó lo de los golpes era que mi hijo estaba pálido y agitado. Hice que se acostara inmediatamente. El agotamiento le duró varias horas.

Y la infestación continuó formando parte de nuestras vidas. Un día, Julie estaba hablando por teléfono y oyó cómo se abría el pestillo magnético de su armario. Algunos segundos después, volvió a cerrarse solo. Julie notó una presencia en la habitación. Colgó de golpe el teléfono y salió aterrorizada de la habitación.

◆ ◆ ◆

Daniel: «En verano a veces salgo a dar un paseo cuando no puedo dormir. Una noche, al regresar de uno de estos paseos, vi que la casa de los Smurl estaba completamente a oscuras. Entonces recordé que no estaban en la ciudad. Cuando subía los escalones de mi adosado, oí un fuerte sonido, como de aleteo de pájaros, moviéndose de una ventana a otra en el interior de la casa de los Smurl. Tuve la impresión de que un pájaro de grandes dimensiones estaba atrapado dentro e intentaba salir desesperadamente.

Entonces oí también un golpeteo muy agudo en las ventanas, como si alguien estuviera disparando. No me importa admitir que no me quedé para descubrir qué ocurría realmente. Subí el resto de los escalones, me metí en casa, cerré todas las ventanas y comprobé todas las cerraduras».

Un pequeño respiro

Dos semanas después de la conversación telefónica en la que Jack Smurl le había dicho a Ed Warren que él y Janet habían decidido hacer público su caso, los Smurl aún no habían dado ningún paso para llevar a la práctica su decisión.

Jack: «Cada vez que cogíamos el teléfono para llamar a un periódico o una cadena de televisión, uno de nosotros, o los dos, decía que quizá era mejor que nos lo pensáramos un poco más. Viéndolo en perspectiva, diría que probablemente estábamos postergándolo en espera de que se presentara sola otra solución que no implicara revelar nuestra identidad públicamente. Esa perspectiva seguía siendo tan desconcertante como la propia infestación».

Jack estaba en contacto continuo con los Warren durante ese período. «Hablábamos prácticamente todos los días, y discutíamos sobre una idea que casi no me atrevía a mencionar porque era muy radical. Pero ése era mi estado de ánimo en aquel momento. Muy radical. Yo sólo quería poner fin a la infestación.

»Mi idea era muy simple. Les pregunté a Ed y Lorraine si creían que sería buena idea demoler completamente la casa y mudarnos a otro lugar. Sufriríamos grandes pérdidas económicas, pero al menos podríamos empezar de nuevo. Todos, yo, Janet, las niñas y también mis padres.

»Sabía lo que diría Ed: que la entidad ya había demostrado que podía seguirnos y, de hecho, ya nos había seguido al camping, al motel de Filadelfia e incluso a mi oficina.

»Sin embargo, al analizarlo todo detenidamente, creía haber encontrado un patrón: aunque la entidad nos seguía, cuando salía de la casa, los actos que cometía no parecían ser tan atroces como los que llevaba a cabo en el adosado.

»De modo que le pedí a Ed su opinión sobre la posibilidad de demoler la casa y mudarnos. Y recuerdo perfectamente su respuesta».

Ed: «El día que Jack me llamó para decirme que se estaba planteando la posibilidad de demoler su hogar, el hogar por el que había trabajado toda su vida, supe que los Smurl se encontraban en una situación muy peligrosa. De hecho, una parte de mí se preguntó si el demonio no los habría derrotado ya. El otro aspecto que me molestó de la conversación fue que Jack me presionaba desesperadamente para obtener respuestas que, con total honestidad, yo no podía darle. ¿Los seguiría el espíritu? ¿Sería éste tan violento si se instalaban en otra casa? ¿Se quedaría con ellos durante el resto de su vida? Ya habíamos visto antes este tipo de desesperación en otros casos de infestaciones, y siempre resulta muy desgarrador, sobre todo cuando se trata de un hombre tan bueno y responsable como Jack Smurl. Se había cometido una gran injusticia con él y con su familia, y me estaba pidiendo, suplicándome, en realidad, que le ayudara como buenamente pudiera. En aquel momento lo que necesitaba era consejo. De modo que hice todo lo que pude. Le dije que no creía que derribar la casa fuera una buena idea, que sería un proceso costoso y doloroso y que no había ninguna garantía de lograr lo que pretendía. Le dije que si reflexionaba un poco más, tal vez se le ocurriría un plan mejor, uno que no comportara destruir algo de lo que él y sus padres estaban tan orgullosos. Se mostró de acuerdo conmigo, aunque a regañadientes. He de decir que después de colgar, me sentí muy mal. Lorraine y yo rezamos por las dos familias Smurl. Habíamos visto como algunas familias llegaban a su límite e incluso lo superaban. ¿Les pasaría también eso a los Smurl? Era algo que nos preocupaba sobremanera».

◆ ◆ ◆

Después de la conversación con Ed de aquella tarde, deprimido porque ninguna de sus ideas funcionara, Jack se pasó el resto del día en la cocina tomando notas de los casi dos años de la terrible infestación para ver si se le ocurría otro plan.

Sin apenas darse cuenta, las ventanas se tiñeron con la luz púrpura del atardecer.

Después de fregar los platos de la cena, Janet se sentó con Jack y le preguntó si quería hablar. Estaba tan demacrado que Janet se preocupó por su estado anímico.

Janet: «Empezamos a considerar una serie de opciones, entre ellas, alquilar una casa temporalmente, pero sabíamos que la vida de las niñas se resentiría y nos preocupaba también el impacto que podía tener en la vida de Mary. Después hablamos de la posibilidad de alquilar un piso y que los vecinos terminaran descubriendo después de ser testigos de algún incidente que éramos una familia asediada por fuerzas sobrenaturales. No sería muy agradable mudarse a un edificio de apartamentos y que las personas que viven en el piso de abajo oigan ruido de pezuñas recorriendo el pasillo.

»Debimos de estar allí sentados unas dos horas. Las niñas le dieron a su padre un beso de buenas noches, subieron a sus dormitorios y nosotros seguimos sentados en la cocina, hablando sobre lo que podíamos hacer. Cada vez que nos decíamos que la situación no podía empeorar, siempre empeoraba. Y aquello era un buen ejemplo de ello. Jack tenía una semana de vacaciones y, en lugar de estar pasándonoslo bien, estábamos en la cocina dándole vueltas a la infestación. Y fue entonces cuando se nos ocurrió la idea. No sé a quién se le ocurrió primero, pero no importa. Lo importante es que era algo que deberíamos haber pensado antes, algo que, de hecho, tendría el mismo efecto que derribar el adosado y que nos permitiría estimar la gravedad de la infestación y descubrir qué ocurriría si las dos familias nos mudábamos. Al amanecer del día siguiente, cargamos la furgoneta y pusimos rumbo al camping. Nos reíamos y nos sentíamos mucho más optimistas».

La huida

El experimento de las dos familias Smurl no tuvo éxito. Mary Smurl concedió una larga entrevista al respecto.

P: Mary, ¿en qué consistía el experimento?

R: Todos pensamos que si dejábamos la casa vacía durante una semana, podríamos comprobar la reacción del demonio. Descubrir si nos seguía y, de ser así, qué hacía.

P: Entonces, ¿pensasteis que si todos pasabais una semana en el camping y no pasaba nada, sería seguro mudarse porque el demonio no os seguiría?

R: Exacto.

P: ¿Tú eras tan optimista como Janet y Jack?

R: En aquel momento estábamos dispuestos a intentarlo todo, e incluso a creer en casi cualquier cosa.

P: Entonces, ¿no hizo falta que os convencieran mucho para hacer las maletas y subir a la furgoneta?

R: En absoluto.

P: ¿Tu marido John pensaba igual?

R: Sí. Hay que recordar que en el lapso de pocos años nos habíamos visto obligados a mudarnos de nuestra casa en Wilkes-Barre debido a una inundación y que finalmente habíamos encontrado un lugar donde pasar nuestros años de jubilados y... *[Una larga pausa]*... bueno, ya sabes a qué me refiero. *[Una larga pausa]* La semana antes de irnos al camping, John repetía una y otra vez: «¿Por qué quiere hacernos sufrir?». Estaba preocupado por mi salud y yo también empezaba a preocuparme por la suya.

P: ¿John se encontraba mal?

R: Bueno, en la televisión y en los periódicos siempre hablan de la relación entre el estrés y la salud, y creo que mucha gente no es consciente del nivel de estrés que teníamos. Y me refiero a un estrés constante. Cuando alguien lee en un titular de periódico acerca de golpes en la pared puede que no resulte tan amenazador. Pero, créeme, cuando estás sentado en tu sala de estar y de repente algo comienza a golpear la pared, todo tu cuerpo se resiente. Según un artículo, el estrés provoca daños en el sistema inmunitario. Es lo que nos pasaba; todos cogíamos resfriados, gripes y teníamos dolor de cabeza. No hace falta ser muy listo para saber por qué nos pasaba todo eso.

P: ¿De modo que esperabais que la semana en el camping os indicara la forma de escapar?

R: Sí, aunque habíamos gastado todos nuestros ahorros en el adosado, estábamos dispuestos a perderlo todo y empezar de nuevo. Teníamos la sensación de que, si manteníamos nuestra fe en Dios, lo lograríamos. Por eso fuimos al camping e incluso hicimos un pacto.

P: ¿Un pacto?

R: Sí. Janet y Jack y John y yo. Nos comprometimos a seguir viviendo juntos, como una familia, independientemente de lo que pasara o del lugar donde nos obligara a vivir el demonio. Janet incluso dijo esto: «Si tenemos que dejar la casa vacía y alquilar otra, lo haremos. No nos derrotará. De *ningún* modo». Fueron unas palabras muy emotivas y a John y a mí se nos llenaron los ojos de lágrimas.

P: ¿Puedes describir el camping?

R: Ah, es como tantos otros en las colinas de Pensilvania. En realidad, cuando se juntan todas las autocaravanas y los coches, se transforma en una especie de pueblo pequeño. El mayor problema que tuvimos al llegar fue el tiempo. El cielo estaba muy encapotado y hacía frío para estar en pleno verano.

P: ¿Crees que las nubes eran un augurio?

R: *[Con vacilación]* ¿Quieres decir si era un presagio?

P: Sí.

R: *[Pausa]* Es posible.

P: Las cosas no fueron muy bien allí, ¿verdad?

R: No.

P: ¿Qué pasó?

R: *[Otra pausa larga. Es obvio para el entrevistador que Mary intenta reunir fuerzas. Parece inquieta]* El demonio atacó mi cama en la autocaravana.

P: ¿Podrías describir el incidente, por favor?

R: La cama está sujeta al suelo. No hay forma de moverla. La primera noche, justo después de la medianoche, estaba dormida dentro de la autocaravana cuando oí unos golpes fuertes y muy seguidos en el techo y el suelo. Cuando me estaba incorporando, noté cómo algo arrancaba de cuajo la cama del suelo y la sacudía, primero hacia la izquierda y después hacia la derecha. También oí unas garras rasgando el suelo.

P: ¿Fue alguien a ayudarte?

R: Me puse a gritar, por supuesto, pero el demonio es muy rápido. El incidente terminó antes de que alguien pudiera ir a ayudarme.

P: ¿Se fue de repente?

R: Sí, de repente.

P: *[La frágil salud de Mary es más que evidente durante la entrevista. Mientras habla, sus ojos adquieren una extraña luminosidad, y toda la ira que siente por el demonio queda disipada por el puro cansancio físico]* ¿Cuáles eran tus sentimientos en aquel momento, Mary? Por toda la situación, quiero decir.

R: *[Una larga pausa]* Cada vez era más evidente que el demonio no sólo podía seguirnos, sino que también podía hacernos casi cualquier cosa.

P: ¿Qué ocurrió el resto de la semana?

R: *[Mira al entrevistador y sacude la cabeza. Sus palabras apenas son audibles]* Las cosas empeoraron. Mucho.

P: Pero ¿no habían sucedido cosas como aquélla cuando Janet y Jack estuvieron anteriormente en el camping?

R: Sí, pero lo especial de aquel viaje era que las dos familias habíamos dejado la casa vacía. En cierto sentido, habíamos entregado la casa al demonio como si se tratara de una especie de sacrificio. Queríamos ver si reaccionaba dejándonos tranquilos mientras estábamos en el camping.

P: Entonces, si os hubiera dejado tranquilos…

R: Habríamos sabido que lo que le interesaba estaba en la casa y nos habríamos mudado. Habríamos hecho lo que había dicho Janet: «Nos iremos de alquiler si es necesario». Pero nos mudaríamos de inmediato y permaneceríamos juntos, pasara lo que pasase.

P: Entonces, cuando el demonio intentó arrancar la cama del suelo, ¿cómo reaccionasteis?

R: Bueno, en primer lugar todo el mundo se asustó mucho por mí, por supuesto.

P: ¿Qué sentían sobre el demonio en general?

R: Bueno, aunque todos estuvimos de acuerdo en que era muy pronto para saber cómo iría la semana, me temo que todos sospechábamos lo que nos esperaba. Al final fue una semana terrible, y lamenté haber traído con nosotros a Scott Bloom porque las cosas se pusieron muy feas para todos. Pero, por entonces, aún teníamos la esperanza de que fueran unas auténticas vacaciones.

Un descubrimiento perturbador

Eran las tres de la madrugada del tercer día en el camping. Jack estaba despierto, dándole vueltas aún al incidente que había ocurrido hacia la medianoche. Se levantó al oír gritar a su padre, quien dormía en una litera en la parte delantera de la autocaravana.

«No podía creerlo –le dijo con ansiedad John Smurl a su hijo–. He notado cómo se levantaba el colchón. Tenía miedo de que me lanzara contra la pared. Entonces he mirado por la ventana. –John Smurl meneó la cabeza, exhausto de sus encuentros con lo sobrenatural–. He visto una forma blanca al otro lado de la ventana, diría que iba vestida de gasa. Se ha quedado un momento ahí de pie y después se ha marchado. ¡Tal y como te lo cuento!».

Jack le abrazó para evitar que el hombre siguiera temblando.

Jack sintió como se acumulaba la rabia en su interior, una rabia que conocía muy bien, pero que no sabía qué hacer con ella.

De modo que eran las tres de la madrugada y estaba despierto.

Por entonces, con el cuarto día en el camping por delante, ya conocía la respuesta a la pregunta que había impulsado aquel viaje. Dondequiera que fuera, la entidad le seguiría.

En la oscuridad, la luz de la luna proyectando largas sombras a través de las ventanas de la autocaravana, el agradable olor a madera quemada procedente de la fogata, allí, en la oscuridad, la entidad reaccionó a la amargura de Jack Smurl.

El sonido de unas pezuñas golpeando el techo metálico de la autocaravana perturbó la oscuridad como si se tratara de disparos.

Jack se incorporó, bañado en sudor y dispuesto a enfrentarse físicamente a la fuerza invisible que lo atormentaba. Corrió hasta el centro de la autocaravana, donde guardaba el agua bendita. Armado con un frasco del líquido sagrado, se puso de pie y empezó a rociar con ella todo el techo. Mientras tanto, dejó vagar su mirada hacia el exterior, a la hoguera parpadeante y los frondosos robles que rodeaban el campamento.

La forma oscura sin rostro, cubierta con una capa, que Jack sabía que era el mismísimo demonio, estaba sentada en una mesa de pícnic, tan tranquilo y relajado como un excursionista cualquiera.

Una ira desconocida en él hasta entonces, una rabia cegadora que le convirtió en un ser más parecido a un animal que a un hombre, le embargó de tal modo que se abalanzó con tal fuerza contra la puerta de la autocaravana que estuvo a punto de arrancarla de sus bisagras.

Janet se despertó de golpe y saltó para sujetar a su marido. Nunca le había visto tan furioso.

Tras echar un rápido vistazo por la ventana, comprendió el motivo de su furia.

La forma oscura los había seguido.

Lo único que sabía en aquel momento era que debía impedir que Jack se enfrentara a la forma oscura.

Jack abrió la puerta de golpe y empezó a bajar los escalones.

«¡No! –gritó Janet– ¡No sabes qué te hará!».

Pero Jack no dio muestras de haberla oído. Tenía los ojos clavados en la forma oscura y transparente sentada en el banco. Las llamas de la fogata arrojaban un espeluznante resplandor rojizo sobre su cuerpo demoníaco.

Entonces, Janet vio que Jack llevaba una botella en la mano. Un arma.

«¡No!» volvió a gritar mientras se acercaba a él para tratar de detenerlo.

Pero no sirvió de nada. Jack se deshizo de las manos de su mujer y avanzó sigilosamente hacia el demonio, el cual seguía sentado a plena vista, como si le estuviera esperando.

Janet: «En cuanto Jack salió de la autocaravana, el demonio desapareció como hacía siempre, repentinamente. No puedo describir el alivio que sentí. Estaba muy orgullosa de mi marido porque había querido defendernos, pero, al mismo tiempo, no quería que le hiciera daño. Sabía que su ira le daba al demonio la excusa perfecta para matarlo, por eso me puse a rezar para que no lo hiciera».

◆ ◆ ◆

Los días siguientes en el camping no fueron mucho mejores.

John: «Hacia finales de semana, Mary estaba muy deprimida. Nos pasamos casi todas las noches escuchando los ruidos en el techo u oliendo el hedor con que el demonio llenaba la autocaravana. Consiguió lo quería, de eso no me cabe ninguna duda».

Un día Dawn acudió a su madre y le dijo: «La abuela está llorando, mamá. Será mejor que vayas a ayudarla».

Janet encontró a Mary Smurl en la autocaravana, llorando.

Janet: «Estaba muy afectada por todo lo que había pasado aquella semana. Antes de venir, su salud ya no era buena, y los incidentes de la semana habían terminado de destrozarla».

El tiempo tampoco ayudaba. Era difícil disfrutar de las actividades en el exterior cuando no dejaba de caer una llovizna constante o cuando la temperatura descendía hasta los diez grados.

Según sus planes, aún les quedaban dos noches más en el camping. Janet le preguntó a Jack si quería volver a West Pittston. «¿No sería como admitir la derrota, cariño?».

Janet suspiró. No tenía más remedio que estar de acuerdo con él.

Aquella noche, Scott Bloom y Dawn oyeron un terrible gemido. Dawn: «Era como algo salido de la tumba, en serio».

Jack despertó justo cuando los gemidos empezaban a debilitarse. Dio una vuelta alrededor de la autocaravana con la linterna, pero no vio nada.

Cuando regresó, descubrió que su familia estaba otra vez tan tensa que parecía al borde del colapso.

A primera hora de la mañana, Jack fue a ver al gerente del camping para comunicarle que se marchaban a casa.

—¿Un día antes? –le dijo el hombre.

Jack frunció el ceño.

—Nos ha vuelto a pasar.

Unos días antes, Jack le había contado al hombre lo que les había estado ocurriendo los últimos años, incluyendo los incidentes sobrenaturales que habían tenido lugar allí, en el camping. Jack había temido que el hombre le dijera que su familia no era bienvenida, pero el hombre se había mostrado muy comprensivo, como también lo fue entonces.

—¿Puedo hacer algo por ayudaros?

Jack esbozó una triste sonrisa.

—Ojalá pudiera decirte que sí.

La familia Smurl recogió sus pertenencias bajo una fina llovizna. El cielo era una cortina gris, como si estuvieran en invierno, y las colinas circundantes estaban envueltas en una suave neblina plateada. No había sido el viaje que habían esperado.

Jack luchaba contra una ira que amenazaba con abrumarlo. Sabía que debía mantener el control por el bien de las personas que quería.

Durante el trayecto de vuelta, Carin durmió con la cabeza apoyada en el regazo de Janet. Cuando despertó, empezó a llorar débilmente.

Nadie le preguntó qué le pasaba.

LORRAINE WARREN

Ed y yo estábamos trabajando en otro caso en el estado de Nueva York cuando los Smurl volvieron a su casa y nos llamaron para contarnos sus experiencias en el camping.

Además, los incidentes se habían reanudado en cuanto llegaron al adosado. Nada más abrir la puerta notaron el hedor a materia fecal y, unos días después, se produjo algo que no habíamos visto nunca en todos nuestros años como investigadores psíquicos.

Janet lo describe detalladamente:

P: ¿Recuerdas algo en especial de aquella mañana?

R: Estaba muy muy cansada. El viaje al camping me había dejado agotada. Habían pasado unos días desde nuestro regreso y todavía estaba en la cama a las diez de la mañana, que es algo muy raro en mí. Pero, por alguna razón, seguramente por la combinación de agotamiento y depresión, me sentía incapaz de salir de la cama. Y entonces ocurrió.

P: ¿Puedes describirlo?

R: *[Una larga pausa]* Lo intentaré.

P: Era una mano.

R: Sí. Una mano humana.

P: ¿De dónde salió?

R: Del colchón.

P: ¿Una mano humana salió del colchón?

R: Sí, mientras yo estaba acostada.

P: ¿Intentó estrangularte?

R: No, sólo me agarró por la nuca y me inmovilizó.

P: ¿Parecía una mano humana?

R: Sí. Tenía mucha fuerza. Noté los músculos, calientes y también un poco… húmedos, supongo.

P: ¿Intentaste zafarte?

R: Lo intenté, pero no sirvió de nada.

P: ¿Porque no podías moverte?

R: Exacto.

P: ¿Qué hiciste?

R: Fue muy extraño. Simplemente me resigné. Antes siempre me revolvía, pero al darme cuenta de que no podía moverme, pensé, ¿de qué va a servir? *[Una larga pausa]* De hecho, empecé a hablarle.

P: ¿A la mano?

R: Sí, y al demonio que la controlaba.

P: ¿Qué le dijiste?

R: Le dije: «No me importa lo que me hagas a mí. Si quieres matarme, adelante. No voy a oponer resistencia ni nada de eso. Estoy empezando a perder la voluntad y tal vez también la cordura, así que, ¿por qué no lo haces de una vez y acabamos con todo esto? Mátame aquí y ahora, pero deja en paz al resto de mi familia».

P: ¿Y qué pasó?

R: Que la mano desapareció.

P: ¿Así de simple?

R: Sí.

P: ¿La infestación se calmó un poco después de eso?

R: No, y fue entonces cuando comprendí que al demonio le encantaba atormentarnos. Disfrutaba agotándonos la energía. En cierto modo, era como un vampiro que necesita sangre, la diferencia era que el demonio necesitaba nuestro calor corporal y nuestra energía espiritual, y disfrutaba llevándonos hasta el límite. Todo el tiempo. Hasta el límite.

P: Entonces ¿la infestación continuó?

R: Aquella misma noche se reanudaron los golpes en la pared y, al día siguiente, vi cómo Simon era atraído misteriosamente al armario del piso de arriba, donde solía morar el demonio. Logré evitar que entrara en el armario por los pelos. Y, más tarde, en el dormitorio oí unos susurros que se convirtieron en gemidos y yo… *[Pausa]*

P: [En voz baja] ¿Tú qué?

R: *[Pausa]* Tenía miedo de estar perdiendo la cabeza.

P: ¿Por los susurros, quieres decir?

R: Por todo. Empiezas a dudar de tu propia cordura. Aunque todo lo que te rodea parece muy familiar (coches, electrodomésticos, alimentos), también hay algo más, otra dimensión a la que la mayoría de la gente no tiene que enfrentarse. Y cuando estás expuesto a esa otra dimensión durante mucho tiempo, bueno, obviamente empieza a hacer mella, tanto en ti como en todas las personas que te rodean. Cuando Jack llegó a casa por la tarde, me encontró llorando. No podía soportarlo más. Dejó que me sentara en su regazo, como si fuera una niña pequeña. De verdad, no podía más. Una parte de mí deseaba que el demonio hubiera aceptado mi oferta, ya sabes, matarme a mí a cambio de dejar en paz a mi familia. Así todo el mundo recuperaría la tranquilidad. Así el demonio nos dejaría por fin en paz. Todos sabíamos que después de la semana que habíamos pasado en el camping, no habría descanso para nadie, que nos seguiría *[Empieza a llorar débilmente]*, fuéramos adonde fuéramos.

P: También se te apareció cuando estabas con tu madre, ¿verdad?

R: Sí.

P: ¿Podrías hablarnos de eso?

R: *[Reúne fuerzas]* Al día siguiente, hacia las diez de la noche, mi madre, Gloria, vino a visitarnos. Nos sentamos en la cocina y vimos aparecer una forma de un blanco casi cegador al otro lado de la puerta de tela metálica. Tenía la intensidad de un espectáculo de fuegos artificiales con un centro muy blanco. Poco a poco nos dimos cuenta de que, cuanto más la mirábamos, más se parecía a la forma oscura que había aparecido otras veces, salvo que ésta tenía el color del oro blanco. Mi madre me agarró la mano todo el tiempo que la forma estuvo presente y, cuando desapareció, empezó a llorar. Casi nunca la había visto tan afectada por algo; normalmente es una persona muy tranquila. Pero entonces comprendí lo acostumbrada que estaba yo a los fenómenos sobrenaturales y que debía tener en cuenta que para otras personas aquellos incidentes podían ser abrumadores. Abracé a mi madre y la sostuve mucho rato. Acto seguido, volvimos sentarnos a la mesa y mantuvimos una conversación muy íntima. El miedo intenso que habíamos compartido nos había unido aún más, y le dije cuánto la quería y me preocupaba por ella y ella me dijo cosas parecidas.

P: Al mismo tiempo, el demonio también estaba asediando a John Smurl, ¿verdad?

R: Ah, sí. A la mañana siguiente, John se estaba preparando para ir a trabajar cuando oyó una voz que decía: «¿No estoy sexy en la cama?». Cualquiera pensaría que la persona que había dicho eso era Mary, pero, evidentemente, no era así. Mary estaba dormida y John lo sabía. Me dijo que se quedó allí unos dos minutos, que tenía miedo de darse la vuelta por lo que pudiera encontrar, pero que cuando finalmente lo hizo no había nada. Sólo un espacio vacío. El demonio había empezado a imitar las voces de los miembros de la familia.

P: El demonio también ideó una forma nueva y terrible de aterrorizaros, ¿no es así?

R: Sí, atacando en dos lugares al mismo tiempo. Mientras Kim estaba en el cuarto de baño con Simon, empezó a susurrarle a Simon y Kim lo oyó. Exactamente al mismo tiempo, al otro lado del adosado, se apareció ante Mary en forma de perro grotesco que se escabulló debajo del sofá.

P: ¿También se le apareció a Shannon?

R: *[Suspira]* Shannon estaba dormida durante una gran tormenta eléctrica, y cuando despertó, vio una forma blanca, muy parecida a la que habíamos visto mi madre y yo, con unos «grandes ojos negros», tal y como nos la describió. El demonio volvió a actuar más tarde aquella misma noche, atacando otra vez a Simon. Se hizo pasar por un gato y empezó a maullar desde el interior del armario. Simon corrió hasta la puerta del armario. Lo abrimos para que comprobara si tenía un nuevo compañero de juegos, pero era sólo el demonio que volvía a jugarle una mala pasada. *[Risas]* Si hubieras visto la expresión de decepción en la cara de Simon cuando descubrió que no había nada en el armario… Bueno, fue bastante gracioso.

Para desgracia de Janet y Jack, la cara triste de Simon sería el único motivo para reír que tendría la familia durante bastantes días.

La gente habla

El martes de esa misma semana, el productor del programa de televisión *La gente habla* les llamó por teléfono para invitarlos a volver a aparecer en él, pero Janet declinó educadamente. Aunque hablaban cada vez más de salir a la palestra, aún no habían tomado una decisión definitiva. Además, como dijo Janet medio en broma a Jack por la noche: «La gente está hablando de todos modos, vayamos al programa o no».

Los Smurl sabían perfectamente que los habitantes de West Pittston comentaban sus problemas. Sus amigos se lo contaban a otros amigos, por lo que su nivel de popularidad era muy alto.

◆ ◆ ◆

A veces, cuando el demonio no les hacía la vida imposible, a Janet le gustaba sentarse en la ventana que daba a la parte delantera de la casa para ver jugar a las niñas en la calle. En momentos así, redescubría una paz que cada vez era menos habitual en su vida, la paz de ser un eslabón de una larga cadena. Su madre había sido un eslabón y ahora ella, como madre, era otro. Y algún día las cuatro chicas quedarían unidas. Observó a Carin saltar a la cuerda mientras cantaba *El puente de Londres* y se preguntó cuántos años hacía, si no siglos, que los niños cantaban aquella canción. Disfrutó los siguientes veinte minutos viendo como el sol bañaba el pavimento, la hierba y los arbustos. Aunque era el mes de agosto, ya se veían las primeras señales del otoño en los tonos cobrizos de las colinas en la distancia. El aire era cálido, aunque no demasiado, y Janet, con la cabeza apoyada en el sofá, se permitió el lujo de quedarse dormida. Hasta que los gritos procedentes del piso de arriba la sacaron del sueño.

Subió las escaleras de dos en dos. Shannon no se encontraba bien y se había ido a echar una siesta.

Cuando llegó a la habitación de Shannon, sin aliento y aterrorizada, Janet la vio acurrucada en un rincón y con grandes lagrimones bajándole por las mejillas.

—Un hombre, mami –dijo Shannon.

—¿Qué hombre?

—Ha entrado en la habitación y ha empezado a sacar cosas de la caja de los juguetes.

Janet se acercó, se arrodilló junto a su hija, le alisó el cabello y le dio un beso en la empapada mejilla.

—Cariño, tal vez estabas soñando.

—No estaba dormida, mami. Estaba jugando. Además, ha venido otras veces.

—¿Otras veces?

Shannon asintió sombríamente.

—¿Podrías describirme a ese hombre, cielo?

—Es grande, camina de forma extraña y tiene los ojos muy oscuros..., hace daño mirarlo. Y huele. Huele muy mal.

—¿Ha intentado hacerte daño de algún modo?

—No, sólo me mira, mami. –Apoyó la cabeza en el hombro de Janet y empezó a llorar débilmente–. Me da miedo, mami. Me da mucho miedo.

SALIR A LA PALESTRA

Cuando Jack llegó a casa por la noche, Janet estaba inmersa en una de sus dietas «mitad y mitad»: mitad nicotina, mitad cafeína.

Se quedó de pie junto a la puerta de la cocina, observando lo alterada que parecía su mujer. Jack temió que estuviera al borde de otra crisis.

Cuando se dio la vuelta junto a la ventana, vio lágrimas en sus ojos.

—Ha estado otra vez en la habitación de Shannon. Esta tarde –dijo.

Jack perjuró.

En voz muy baja, Janet continuó:

—Ha llegado el momento.

Jack no tuvo que preguntar a qué se refería.

—¿Y si se ríen de nosotros?

—Que se rían –dijo Jack.

—¿Y si nos llaman locos?

—Que nos llamen lo que quieran.

—¿Y si se ríen de las niñas?

El dolor reflejado en los ojos de su marido le resultó insoportable. Janet bajó la vista.

—Siento haber dicho eso.

—No –dijo él–, tienes razón. Es posible que se rían de ellas.

—Será difícil de sobrellevar.

—¿Pero sabes lo que sería aún más difícil?

—¿Qué?

—Ver cómo nos destruye uno a uno y no devolver el golpe de todas las formas que podamos. —Posó una mano sobre la de Janet. Las sombras de la tarde eran moradas en la ventana de la cocina. Las estrellas brillaban en el cielo vagamente brumoso—. Y eso significa exponernos a la luz pública para forzar a la diócesis a involucrarse y asegurarnos de que todo el mundo de la comunidad sabe lo que está pasando aquí, incluso si algunas personas se ríen de nosotros. —Hizo una pausa—. ¿Estás de acuerdo?

Janet tardó mucho tiempo en darle una respuesta y, cuando lo hizo, ni siquiera recurrió a las palabras. Se limitó a asentir. Fue un asentimiento sencillo pero profundo.

La calma que precede a la tormenta

Estuvieron haciendo planes hasta altas horas de la noche. Por la mañana, Janet volvería a intentarlo con la diócesis, y si ésta se negaba a ayudarlos, llamaría a una periodista, Sandy Underwood, que trabajaba en el *Sunday Independent* de Wilkes-Barre.

Por la mañana, después de una noche sin actividad por parte del demonio, Janet se dio la vuelta en la cama y deslizó un brazo alrededor del cuerpo de su marido.

—Esto se parece bastante a los viejos tiempos –dijo emocionada.

—¿Por la tranquilidad? –probó él.

Janet le dio un codazo y se echó a reír.

—No, por las prisas. –Se levantó de la cama de un salto y añadió–: ¿Recuerdas cuánto nos gustaba quedarnos en la cama hasta el último minuto y que después teníamos que darnos mucha prisa? Vale, pues ¿adivina qué hora es?

Jack se dio la vuelta para mirar el reloj. Tenía cuarenta y cinco minutos para llegar al trabajo.

—Dios, me he quedado dormido.

—Me has pedido varias veces que apagara la alarma de despertador. Él la besó y se echó a reír.

—Genial. –Entonces la risa se desvaneció–. ¿Recuerdas todo lo que debes hacer?

—Sí.

—Espero que la diócesis se avenga a ayudarnos y no tengamos que recurrir al periódico.

—Supongo que eso depende de ellos –respondió Janet con terquedad.

Jack volvió a besarla y le dijo:

—Buena suerte, cariño. Confío en que funcione.

Mientras Jack se duchaba, Janet se puso una bata y bajó a la cocina a prepararle el desayuno.

◆ ◆ ◆

A continuación, Janet Smurl relata su experiencia con la oficina de la diócesis:

P: ¿Llamaste a la oficina?

R: Sí.

P: ¿Y qué te dijeron?

R: En pocas palabras, que harían algo para ayudarnos.

P: ¿Especificaron qué tipo de ayuda era ésa?

R: Tuve la impresión de que se referían a enviar un sacerdote.

P: Entonces, ¿no llamaste al periódico ese día?

R: No.

P: ¿Fue un sacerdote?

R: No.

P: ¿Volviste a llamar a la diócesis?

R: Nos lo planteamos, pero después empezamos a pensar, ¿de qué va servir? Toda la vida oyes hablar de la bondad de la Iglesia y luego pasas por algo como esto. Bueno, pues te deja vacía. Es la única manera de definirlo. Te deja completamente vacía.

P: Entonces ¿terminasteis recurriendo a la prensa?

R: Sí, unos días más tarde.

P: ¿Y lo hicisteis porque la Iglesia no os ofreció ayuda?

R: Por eso y por lo que le pasó a Jack.

P: ¿Qué le pasó?

R: El súcubo volvió a aparecer, casi exactamente un año después del primer ataque. Fue devastador.

EL SEGUNDO ATAQUE

Estaba amaneciendo.

El sol de verano, rojizo y rotundo, empezaba a asomar por entre la neblina producida por la contaminación, bañando con un brillo cuasi sangriento el dormitorio en el que dormían Janet y Jack Smurl.

Jack se despertó de golpe.

Sobre él había una voluptuosa joven, montándolo en posición de dominación sexual. A pesar de la belleza de la joven y del placer que parecía estar obteniendo, tenía los ojos de un color verde neón enfermizo y estremecedor.

Janet seguía durmiendo, y Jack supo que se encontraba en un profundo sueño psíquico.

Las oraciones no le sirvieron para contener al súcubo. Aún en la forma de la bella joven cuya desnudez de alabastro era complementada por el resplandor rojizo del sol naciente, el súcubo violó a Jack, moviéndose arriba y abajo sobre él varias veces.

Jack trató de exhortar al demonio para que le dejara en paz, pero descubrió que era incapaz de moverse o hablar.

Y el súcubo continuó, montándolo una vez más, agitando el cabello salvajemente, sus ojos verde neón agrandándose y tornándose más horripilantes mientras que de su boca brotaba una baba producto de la satisfacción.

Lo más extraño era que, pese a todo el movimiento, y el súcubo desplegó una actividad realmente deslumbrante y repleta de artimañas, Jack no tuvo ninguna sensación sexual.

Se quedó allí inmóvil observando cómo actuaba el demonio.

Y entonces todo acabó.

Un momento antes era un instrumento a manos del mismísimo Satanás e, instantes después, estaba allí tendido, cubierto con una pátina gelatinosa y pegajosa, la misma sustancia que le había dejado la bruja después de alcanzar el clímax sexual durante el primer ataque.

Asqueado por lo que acababa de suceder, se levantó de la cama y se metió en la ducha, donde estuvo casi media hora.

Se frotó con tanta fuerza que acabó doliéndole la piel.

Cuando salió de la ducha, se echó polvo de talco y *Aqua Velva*. Después se cepilló los dientes. Obsesivamente. Hasta el punto de que las encías le comenzaron a sangrar.

La entrevista

La mañana siguiente a la reaparición del súcubo, Jack Smurl se sentó a la mesa de la cocina y, en voz muy baja, dijo: «Me gustaría que esta mañana llamaras a la periodista, a esa tal Sandy Underwood».

Y eso fue lo que hicieron. Después de posponerlo durante tanto tiempo, parecía ser la única opción que les quedaba. Salir a la palestra y aceptar el veredicto del público y de los medios de comunicación.

Janet: «Dicen que la confesión es buena para el alma y que resulta casi catártico cuando le cuentas a alguien algo que lleva preocupándote desde hace tiempo, pero en este caso, para la entrevista, quiero decir, simplemente estábamos haciendo lo que debíamos.

»Sandy fue muy agradable con nosotros. Nos tomó muy en serio y nos hizo preguntas de seguimiento muy inteligentes y nos dio el tiempo suficiente para aclarar lo que decíamos».

Jack: «Ed y Lorraine confirmaron todo lo que dijimos. Fueron una gran ayuda. De verdad. No puedo evitar sonreír cuando recuerdo algunas de las expresiones de Sandy. Le dimos mucho material, probablemente mucho más del que imaginaba, y Ed y Lorraine le dieron una clase magistral sobre la experiencia psíquica».

Janet: «Me sorprendió lo comprensiva que era y el interés que mostraba por todos los detalles. Era evidente que no estaba buscando simplemente una historia sensacionalista. Quería descubrir la verdad y estaba dispuesta a que la contáramos a nuestra manera, y así lo hicimos.

Le explicamos la mayor parte de los incidentes que se habían producido desde el principio de la infestación».

Jack: «En la historia había una súplica implícita para que cualquiera que pudiera ayudarnos diera un paso adelante. También hicimos un importante llamamiento para que la diócesis volviera a involucrarse en el caso».

Janet: «Supongo que al terminar teníamos sentimientos encontrados, como si no supiéramos muy bien cómo sentirnos. Por un lado, era agradable poder contar los hechos tal y como habían sucedido y utilizar nuestro nombre real y nuestra dirección. Ésa es una de las razones por las que decidimos acudir al periódico en lugar de la televisión. Teníamos la sensación de que tendríamos la oportunidad de ser más cautos y asegurarnos de que lo que decíamos era lo que queríamos decir. Cuando te pones frente a una cámara, la presión que sientes es altísima».

Jack: «Después de la entrevista, nos sentamos con los Warren para hablar sobre la posible reacción del público, y aquello sirvió para que pasáramos del optimismo al pesimismo. Ed volvió a recordarnos que el público podía ser voluble e impredecible, pero que lo más importante era que por fin nos habíamos "sincerado" y eso nos haría sentir mejor. Y supongo que era verdad. Al poder contar nuestra historia nos habíamos deshecho de muchas cosas».

Janet: «Estaba previsto que la historia se publicara el domingo 17 de agosto. Lo único que podíamos hacer en aquel punto era esperar y ver cuál era la reacción. Como dijo Jack, tendríamos picos de optimismo y grandes bajadas de ánimo tratando de averiguar cómo iba a reaccionar la gente ante nuestra historia».

Jack: «Decidimos irnos de fin de semana, a Cinnaminson, para visitar a mi hermana y su marido, Cindy y James Coleman. El demonio, para recordarnos que, desde su punto de vista, no había cambiado nada, me despertó en mitad de la noche con un olor a quemado. Comprobé la casa de los Coleman, pero no vi fuego ni nada parecido. Finalmente, volví a meterme en la cama. Aunque sufrí algunos ahogamientos bastante molestos, al final logré conciliar el sueño. En general, tuvimos un muy buen fin de semana; mis padres se unieron a nosotros para celebrar su cuadragésimo noveno aniversario de boda. Volví a percibir el olor a leña quemada una vez más y fui a comprobarlo porque recordé que los Warren nos habían dicho que si olíamos a humo teníamos que comprobarlo porque es un olor que suelen crear los demonios y que, aunque normalmente se trata de un engaño, cabe la remota posibilidad de que *sí* sea un incendio de verdad. Sin embargo, en este caso no lo era y continuamos disfrutando del fin de semana».

Janet: «Cuarenta y nueve años de matrimonio es algo digno de celebrar, y eso fue lo que hicimos. Fue uno de los mejores fines de semana de nuestra vida. Nadie tocó mucho el tema del artículo del periódico que iba a aparecer en breve. Decidimos esperar hasta regresar a casa para ver qué ocurría. No tardaríamos mucho en descubrirlo».

De regreso a casa, con las ventanillas de la furgoneta bajadas y la verde y serena campiña iluminada por la luz del atardecer, Janet dijo:

—¿No sería maravilloso que alguien estuviera esperándonos delante de la puerta de casa para decirnos qué tenemos que hacer exactamente para deshacernos del demonio?

Jack se rio y le dio una palmadita en la rodilla.

—Pides mucho, cielo.

NOTORIEDAD

COMPRENSIÓN, COMPASIÓN, UNA SOLUCIÓN A SU DILEMA. Éstas eran las cosas que los Smurl esperaban conseguir haciendo pública su historia.

A la hora de la verdad, consiguieron todo lo contrario.

El domingo por la noche, al regresar de la fiesta de aniversario de John y Mary, notaron cierta inquietud en el barrio. Dos de sus hijas comentaron aquel hecho.

—Noto alguna cosa rara, mamá– dijo Dawn mientras descargaban los trastos de la autocaravana y los llevaban al interior de la casa.

—Tienes demasiada imaginación, cielo –repuso Janet sin querer admitir que ella también notaba la misma ansiedad inexplicable.

Veinte minutos después, mientras se refrescaba, Janet echó un vistazo por la ventana y llamó a Jack inmediatamente.

Su marido, siempre alerta ante el más mínimo problema, apareció casi al instante.

—¿Todo bien? –preguntó.

—Mira afuera.

Jack se acercó a la ventana y apartó las cortinas azules de cretona con volantes.

—El coche –dijo Janet.

—¿El Dodge negro?

—Sí.

—¿Qué le pasa?

—Lleva ahí parado diez minutos.

—¿Puedo imaginar el motivo?

—Son tres.

—¿Tres? ¿Qué quieres decir con tres?

—Tres chavales adolescentes. Dos en el asiento delantero y uno en la parte de atrás. Y no dejan de señalar nuestra casa.

Jack tuvo una desagradable intuición.

—El artículo de esta mañana.

—Exacto.

—Dios mío.

—Nuestra casa –dijo Janet– está a punto de convertirse en una atracción turística.

◆ ◆ ◆

La predicción de Janet no tardó mucho tiempo en hacerse realidad.

Durante la semana siguiente, la familia Smurl recibió más de doscientas llamadas de periodistas de toda índole: de periódicos, de cadenas de televisión y emisoras de radio, tanto locales como nacionales, de agencias de noticias e incluso de diarios sensacionalistas.

Y los tres adolescentes sentados en un Dodge negro que se entretenían señalando la casa sólo fueron los primeros. Tanto de día como de noche circulaban por delante del adosado cientos de vehículos en cuyo interior personas boquiabiertas señalaban hacia la casa. Algunos rostros reflejaban la gravedad de la situación de la familia Smurl; otros, en cambio, sonreían o se burlaban de ellos.

La calle empezaba a parecerse al estacionamiento de un destacado evento público; el problema era que dicho acontecimiento tenía lugar en el interior del adosado de los Smurl.

El viernes, los curiosos que se limitaban a pasar por delante de la casa y a señalar dieron paso a un tipo de espectador mucho más descarado. Estas personas traían cerveza, refrescos y bocadillos y acampaban en la acera o incluso en los parterres de las casas vecinas. Algunos incluso treparon a un árbol que había delante de la casa e intentaron trepar al porche para echar un vistazo al interior a través de las ventanas superiores.

Un policía le dijo a un reportero local: «Esto parece una mezcla entre concierto de *rock* y acto religioso. Hay gente que está aquí sólo por la diversión, pero también hay otras personas que gritan, se desmayan y aseguran que ven todo tipo de cosas en el interior de la casa. Hay gente que me da bastante miedo, y eso es lo que me da más pena, sobre todo por los Smurl, porque es el tipo de gente que puede perder fácilmente las formas si recibe el incentivo adecuado».

Los espectadores continuaron circulando por delante del adosado durante las veinticuatro horas del día. Llegaban en sus nuevos y relucientes Buicks, en viejos y oxidados Plymouths, en pequeñas camionetas Toyota y en elegantes motocicletas Harley-Davidson de color negro. Algunos señalaban, otros sonreían y otros se santiguaban. Los había jóvenes y viejos, blancos y negros, ricos y pobres. Algunos se dedicaban a dar vueltas a la casa y otros buscaban un lugar donde sentarse o estar de pie para observar la casa pese al calor sofocante del exterior.

En West Pittston jamás se había visto algo semejante. Tal y como un empleado del ayuntamiento le dijo a un reportero de una cadena de televisión: «Éste es el mayor acontecimiento en la historia de West Pittston. El jueves de esta semana pasaron más de mil seiscientos automóviles por delante de la casa de los Smurl. Pero eso fue sólo el principio. Coches y autocaravanas procedentes de prácticamente todos los rincones del país han estacionado por todo West Pittston y sus dueños se acercan a pie hasta la casa. Incluso se han producido algunas peleas entre los espectadores para conseguir el mejor sitio frente a la casa. Ha sido un caos total, hasta el punto de que el jueves por la noche pedimos a la policía que acordonara toda la calle. Hasta ese extremo hemos llegado».

Entre los miles de personas que atestaban las inmediaciones del adosado había adolescentes que lanzaron botellas de cerveza a la casa y profirieron obscenidades; una panda de motociclistas con símbolos ocultistas en las chaquetas y miradas amenazadoras e incluso algunos estudiantes universitarios que consideraron que sería divertido aproximarse a la casa con radiocasetes de gran tamaño y potencia y reproducir a todo volumen el tema de *Los cazafantasmas*.

Pero éste no fue el único interés que despertaba la familia.

De la noche a la mañana, Janet y Jack Smurl se habían convertido en personas famosas.

Los principales diarios del país habían publicado tanto su historia como su foto. Desde el *New York Post* a los programas de noticias más destacados de alcance nacional, la historia de los Smurl se había convertido en noticia de primera página.

Algunos periodistas fueron invitados a entrar en la casa, y dos de ellos aseguraron haber tenido experiencias sobrenaturales en su interior, lo que sirvió para acentuar el impacto de sus artículos. Uno se lamentó amargamente de la temperatura próxima a los cero grados y otro del «olor fétido y enfermizo». Los reporteros no tardaron mucho en comprender que lo que ocurría en la casa era serio y real.

A finales de semana, otros medios de comunicación enviaron a más reporteros para seguir difundiendo el «caso Smurl».

Como Janet Smurl comentaría más tarde:

«De hecho, hemos pagado dos precios: la propia infestación y la pérdida de nuestra privacidad. No tengo palabras para describir cómo fue la primera semana; nos convertimos en auténticos prisioneros dentro de nuestra propia casa. Además, algunos periodistas fueron muy impertinentes al poner en duda no sólo nuestros motivos, sino también nuestra cordura. Todo aquello sólo sirvió para aumentar el nivel de estrés. Afortunadamente, conocimos a algunas buenas personas, entre ellas una mujer que se llamaba Megan Cosgrove».

ED WARREN

A lo largo de los años, Lorraine y yo hemos sido testigos de muchos casos sobrenaturales que han despertado un gran interés mediático, como, por ejemplo, el famoso caso Brookfield (Connecticut), el cual incluso terminó con un juicio por asesinato. Sin embargo, nunca habíamos visto ninguno que atrajera un interés tan desmesurado como el de la familia Smurl.

Janet y Jack conocieron a dos tipos de periodistas: los buenos y los malos. Los buenos se mostraron comprensivos, metódicos y libres de prejuicios. A los malos sólo les interesaba conseguir la historia más sensacionalista posible, incluso a expensas de la propia reputación de los Smurl.

Los reporteros más cínicos deprimían a Janet y Jack tanto como la multitud que se agolpaba en el exterior de su hogar. Había un aspecto muy desagradable en toda aquella situación: el sol inclemente, la locura visible en los ojos de los acalorados y sudorosos curiosos e incluso el desprecio que desprendían algunos de sus comentarios, como si estuvieran exigiéndoles que *demostraran* la presencia de las fuerzas satánicas que asolaban el adosado.

Lorraine y yo incluso llegamos a discutir con alguno de los curiosos. Cometimos el error de pedir a los que nos parecían más agresivos que se alejaran del parterre y dejaran a la familia en paz. Algunos de ellos, empapados en sudor y apestando a cerveza, pusieron en duda nuestra autoridad para exigirles que se marcharan. Fue entonces cuando comprendí que el demonio estaba utilizando la nueva situación para seguir torturando a los Smurl. Mirar por la ventana y ver a un desconocido intentando echar un vistazo al interior de tu casa es una experiencia exasperante que los Smurl tuvieron que padecer durante meses.

Afortunadamente, entre los numerosos espectadores había una mujer de treinta y ocho años llamada Megan Cosgrove que, además, trabajaba en la misma empresa que Jack. Megan se puso en contacto con los Smurl y les habló de una mujer extraordinaria que se comunicaba frecuentemente con el mundo sobrenatural a través de un espíritu con el que podía entrar en contacto siempre que quisiera.

La mujer en cuestión se llamaba Betty Anne Moore y llegó a casa de la familia Smurl el jueves 21 de agosto. El resultado fue impresionante, y nos proporcionó una pista fundamental para la investigación en curso.

◆ ◆ ◆

Janet: «Megan era impresionante; amable pero muy profesional. En cuanto se sentó en el sofá, dio un respingo. Le pregunté si ocurría algo y ella me dijo que algo afilado pero invisible le había pinchado en el ojo, como una especie de pulgar humano. Entonces, mientras se secaba las lágrimas, levantó la cabeza como movida por un resorte y señaló hacia la escalera. Le preguntamos qué pasaba y ella procedió a describirnos con todo lujo de detalles la forma oscura que llevaba casi dos años apareciéndose ante nosotros.

»El ojo se le hinchó mucho, por lo que, finalmente, decidió marcharse a su casa para aplicarse hielo. Volvió más tarde aquella misma noche, acompañada de Betty Anne Moore, cuya aura era perfectamente visible. Nos dimos cuenta enseguida de que sabía perfectamente lo que ocurría en la casa y que, además, estaba muy preocupada. Nos pidió que la lleváramos a todas las habitaciones de la casa y después al sótano, que fue donde contactó con el espíritu que respondía al nombre de Abigail.

»Betty Anne estaba en estado de trance, tenía los ojos cerrados y le temblaban los dedos. Entonces dijo: "Abigail es muy mayor y, o bien está senil o muy confundida, pero no es peligrosa". A continuación, la describió exactamente igual que lo había hecho Lorraine unos meses atrás.

»Veinte minutos después, cuando pidió que la llevaran al dormitorio central del piso superior, comprendimos que su percepción de la infestación coincidía perfectamente con la de Lorraine. Betty Anne describió al otro espíritu que estaba viendo: un hombre con bigote que se llamaba Patrick. Según ella, el hombre había muerto en aquella casa, pero tenía miedo de volver al otro lado.

»Sumida en un nuevo trance, Betty Anne pasó a darnos más detalles sobre la vida de Patrick. Había sido un hombre que solía pegar a su mujer, Elizabeth, en algún lugar próximo a la propiedad de los Smurl, pero antes de que se construyera la casa. Aquellos hechos habían tenido lugar en algún momento del siglo XIX.

»Cada vez que Elizabeth se sentía amenazada por Patrick, tenía una aventura con otro hombre. Cierto día, Patrick llegó a casa inesperadamente y encontró a Elizabeth en los brazos de su amante. Los mató a los dos; a Elizabeth la estranguló y al hombre le dio una paliza. Una turba apaleó a Patrick y después le ahorcaron por los asesinatos. Entonces me miró fijamente y dijo algo que jamás habríamos imaginado.

»—Janet, te pareces mucho a Elizabeth. Patrick cree que Jack es tu amante y quiere separaros.

»En cuanto dijo aquello, un jarrón empezó a sacudirse solo y se oyeron violentos golpes en la pared.

»Betty Anne, con una voz extraña y profunda, le exigió a Patrick que se marchara al otro lado, pero entonces nos dijo que Patrick tenía miedo de ser castigado si cruzaba a la otra dimensión.

»Cuando Betty Anne salió del trance, dijo con toda naturalidad:

»—Patrick no quiere irse de esta casa. Será muy complicado deshacerse de él. —Entonces se detuvo. Muy angustiada, añadió—: Pero me temo que tengo más malas noticias. —Sacudió la cabeza como si tuviera miedo de expresar en palabras sus pensamientos—. Hay un tercer espíritu atado a este mundo; podría ser un hombre o una mujer, no estoy segura. Sea lo que sea, es violento, malvado y quiere haceros daño. —A continuación, les explicó que el espíritu estaba loco y que, de estar vivo actualmente, lo habrían internado en una manicomio—. Éste es el espíritu malévolo que controla a Patrick y el que le obliga a cometer actos violentos. El que desea que el demonio cometa la peor de las atrocidades: tomar posesión de vuestro cuerpo. —Dirigió la mirada hacia un punto central de la habitación y su voz se hizo aún más ronca—. Y después está el propio demonio, uno de los discípulos del Diablo. Percibo su presencia en toda la casa. En todas partes».

◆ ◆ ◆

Janet y Jack cruzaron una mirada desgarradora. Una vez más, alguien mencionaba la posibilidad más perturbadora, el espectro de la posesión, el método utilizado por el demonio para hacerse con el control de una persona. ¿El elegido sería uno de ellos dos? ¿O una de sus hijas?

Sin piedad

Durante las dos semanas siguientes, la familia Smurl conocería lo peor y lo mejor del ser humano.

Fueron muchas las personas que pasaron por la casa para llevarles rosarios y otros artículos religiosos. Recibieron postales y cartas de todos los rincones del planeta deseándoles lo mejor. En algunas incluso había oraciones especiales y sugerencias sobre cómo lidiar con la traumática experiencia. Clérigos de todas las denominaciones se pusieron en contacto con ellos para ofrecerles sus oraciones; los únicos que no lo hicieron (por el momento) fueron los representantes de la diócesis.

Jack: «Una de las mejores cosas de recibir correo es que descubríamos que otras personas también habían pasado por experiencias similares a la nuestra. Era muy tranquilizador. Nos escribió gente de todo el mundo: Brasil, Puerto Rico, los Países Bajos y muchos otros países europeos. Aquello hizo que nos sintiéramos un poco menos aislados».

Janet: «No podíamos descansar ni un minuto. Durante el período en que la prensa asedió la casa, la infestación no se detuvo, normalmente en forma de golpes en las paredes o apariciones fugaces de la forma oscura, mientras en la mesa de la cocina seguían acumulándose los telegramas y los mensajes. Los metíamos en bolsas y cajas e incluso los guardamos en el armario de la cocina. Nos estábamos quedando sin sitio donde meterlos. Por suerte, dado que la mayoría de los mensajes contenían información, buenos deseos o medallas religiosas, resultaban más alentadores que deprimentes.

»Aunque, evidentemente, también había *otras* cosas que nos desanimaron mucho».

Incluso el viernes 22 de agosto, cuando cayó sobre la localidad una importante tromba de agua, la multitud continuó mostrándose despiadada. Cada vez se acercaban más a la casa para internar echar un vistazo al interior o incluso tocar a los miembros de la familia cuando éstos intentaban salir.

Jack: «Algunos estaban convencidos de que éramos personas santas mientras que otros creían que éramos mensajeros de Satanás. Estos últimos se pasaron de la raya cuando descubrimos que un grupo de brujas querían venir a conocernos. Eso era justo lo que necesitábamos en aquel momento: ¡Brujas!».

La gente en la calle empezó a comportarse de un modo realmente extraño.

Janet: «Dos incidentes nos molestaron especialmente. Una mañana, un hombre armado con una pistola pasó sigilosamente por delante de la casa. Dio la casualidad de que en aquel momento estábamos mirando por la ventana y nos agachamos por miedo a lo que pudiera hacer. Otro hombre se acercó mucho a la puerta de la calle con un enorme machete en la mano. Por suerte, algunas personas de la multitud se pusieron a gritar y el hombre salió corriendo.

»Sin embargo, de entre todas las cosas que sucedieron durante el tiempo que la multitud estuvo delante de la casa, probablemente la que más me afectó fue la llamada telefónica de una mujer a la que consideraba quizá no una amiga, pero sí una conocida. Nuestras hijas iban juntas a la escuela (el curso empezaba al cabo de unas pocas semanas), pero una noche me llamó y me dijo que no quería que su hija siguiera siendo amiga de la mía. Aquello me dolió mucho».

Los periodistas eran tan numerosos y sus peticiones tan abrumadoras, que el día 23 de agosto a las dos en punto de la tarde Janet y Jack salieron al porche trasero y leyeron una declaración ante la multitud.

«Como periodistas que sois, seguro que no os costará entender que la situación se nos ha ido completamente de las manos. Nadie nos está ayudando a resolver nuestros problemas, no damos abasto con las llamadas y cartas que recibimos y no sabemos cómo manejar la situación. Por favor, rezad por nosotros cuando vayáis a la iglesia».

Al menos temporalmente, los periodistas se retiraron de la casa y les dieron a los Smurl algo de respiro. La nueva situación, sin embargo, no duraría mucho.

La infestación se extiende

La llamada se produjo al atardecer. La persona que llamaba era una vecina. No estaba enojada; tenía miedo, mucho miedo.

—Janet, está afectándonos a todos –dijo la mujer.

—Lo sé –dijo Janet, temiendo lo que su amiga iba a decirle a continuación.

—Seis casas distintas, incluida la mía.

—¿Incidentes sobrenaturales, quieres decir?

—Golpes, malos olores, gritos.

—Lo siento –dijo Janet mientras notaba como le abandonaba el último resquicio de energía y esperanza.

El demonio estaba utilizando a sus amigos y vecinos para convertir la infestación en algo aún más aterrador.

—No te he llamado para hacerte sentir mal, Janet –continuó la mujer–. Sólo quería saber si podías darme algún consejo.

Janet sonrió amargamente.

—Si tuviera algún consejo, hace tiempo que lo hubiera puesto en práctica yo misma.

La mujer se rio con tristeza.

—Supongo que tienes razón.

—Rezaré por ti –dijo Janet.

Por la noche, mientras veían la televisión, los Smurl vieron algo que les sorprendió. El presentador de la WNEP anunció que la cadena había hecho una encuesta para saber cuántos espectadores creían la historia de los Smurl y cuántos no.

El resultado fue sorprendente: el 75 % creía a los Smurl y sólo un 25 % ponía en duda la historia.

Janet: «Supongo que era una tontería sentirse bien por algo así, pero después de todo lo que nos había pasado, era agradable saber que la mayor parte de la comunidad nos consideraba personas cuerdas y honestas. Fue muy reconfortante».

De madrugada, Jack Smurl se levantó para ir al baño. Antes de volver a la cama, se miró en el espejo. Lo que vio reflejado en él le hizo saltar hacia atrás como si le hubieran disparado.

El rostro del espejo no era el suyo, sino el de un hombre en descomposición con la carne colgándole del cuerpo en jirones y cuyos ojos ardían con la tristeza propia de aquellos que llevan muertos unas pocas horas.

Entonces la imagen desapareció y volvió a ver su auténtico rostro.

Durante el resto de la noche, Jack permaneció tendido en la cama mientras una palabra daba vueltas sin parar en su mente: *posesión*.

¿Sería aquél su aspecto si el demonio lograba completar la cuarta etapa de la infestación, la posesión?

Pensó en lo que había descrito Betty Anne y también en lo que Ed y Lorraine Warren le habían dicho sobre el objetivo final del demonio.

Luego pensó en la criatura que había visto en el espejo: los ojos relucientes y salvajes, la carne podrida, la mano torcida y esquelética.

¿Había sido una premonición de lo que estaba a punto de convertirse? Le pareció que la mañana no llegaría nunca.

LORRAINE WARREN

Por fin, Ed y yo nos alegramos al descubrir que al menos un objetivo de la campaña pública de los Smurl daba sus frutos. La oficina de la diócesis dio señales de vida, aunque, por desgracia, no eran las noticias que la familia esperaba.

«Al padre Doyle, de la oficina de la diócesis, no le hizo mucha gracia que hubiéramos hecho pública nuestra historia –me contó Janet–. Nos dijo que tendríamos que haber llamado primero a la Iglesia, como si no lo hubiéramos hecho. Le dijimos sin rodeos que, debido a todas las cosas que nos estaban pasando, no pudimos esperar más, que nuestras vidas estaban colgando de un hilo.

»A la oficina de la diócesis no le gustaba estar recibiendo tantas llamadas de reporteros preguntando por nuestro caso.

»Finalmente, unos días después de hablar con el padre Doyle, un sacerdote vino a nuestra casa. Le hablamos de los exorcismos anteriores y de la negativa a ayudarnos por parte de la diócesis. También le expresamos el descontento que sentíamos por el hecho de que en un artículo publicado el día anterior se diera la impresión de que sólo recientemente habíamos intentado contactar con la diócesis de Scranton. Aunque el sacerdote fue muy educado, se mostró muy cauto a la hora de expresar su opinión acerca de lo que le dijimos. Al final de la entrevista, fue muy cordial y nos dijo que volvería otro día.

»No tuvimos noticias de la diócesis de Scranton durante varios días. No obstante, un sacerdote de otra diócesis se ofreció a realizar otro exorcismo. Volvió a llamar para decirnos que la oficina de Scranton, tras enterarse de su ofrecimiento, le había llamado para advertirle que ofrecer sus servicios a unos feligreses de su diócesis iba en contra del protocolo. ¡Maravilloso!».

Para entonces, Ed y yo habíamos empezado a analizar el cambio que se estaba produciendo en la naturaleza de los ataques sobrenaturales; aunque de un modo sutil, era evidente que cada vez eran más violentos. También advertimos una transformación en el comportamiento de Jack (palidez, miradas ansiosas) y lo que parecía ser una depresión en toda regla. Aquello nos preocupaba mucho. Lo comentamos con Tammy Anderson, quien formaba parte de nuestro equipo y también trabajaba como detective en el Departamento de Policía de Bridgeport (Connecticut). Tras visitar a los Smurl, confirmó nuestros temores acerca del estado de salud de Jack. Aunque no utilizamos la palabra delante de Tammy, lo que nos preocupaba era que el demonio, quien estaba celoso de Jack y lo consideraba un rival por el amor de Janet, pudiera haber iniciado con él el proceso de la posesión.

No había duda de que tenían que tomarse medidas drásticas, y sin demora.

Nos reunimos dos largos días con los miembros del equipo para llevar a cabo una lluvia de ideas. Llegamos a la conclusión de que debía realizarse un exorcismo a gran escala con la participación de varios sacerdotes. Encargamos la misión de contarles nuestro plan a los Smurl al doctor Walter Hummel, un exmédico forense que en aquel momento tenía una consulta privada, y a Sarah, su mujer. El matrimonio viajó desde Greenwich, Connecticut, hasta el adosado de los Smurl.

El doctor Hummel, quien es amigo nuestro desde hace más de veinte años y que ha trabajado con nosotros en numerosos casos, nos dijo que estaba muy conmovido por su encuentro con Janet y Jack. Lo que más le sorprendió descubrir era que la infestación no estaba limitada (como solía ocurrir) a unas pocas personas, sino que había decenas de personas afectadas, todas ellas vinculadas de un modo u otro a los Smurl.

Mientras estábamos hablando con el doctor Hummel y su mujer, sonó el teléfono y Ed fue a cogerlo a la otra habitación. Cuando regresó, parecía bastante molesto. «Según me han comunicado, la diócesis de Scranton se niega a participar en el exorcismo a gran escala».

No tuvo que decir nada más.

En aquellos momentos, aquélla era una de las peores noticias que podían recibir los Smurl.

La diócesis declina

Como había prometido el sacerdote, la diócesis de Scranton finalmente llamó a los Smurl. De hecho, la diócesis solicitó a Janet y Jack que se reunieran con el padre Doyle en su oficina el día siguiente por la tarde.

Los Smurl tenían la esperanza de que el padre Doyle tuviera buenas noticias para ellos, sobre todo porque, del mismo modo que el otoño empezaba a pelar los árboles y a debilitar la luminosidad del sol veraniego, también la multitud acampada frente a la casa había empezado a menguar.

A pesar de eso, la prensa aún no había perdido interés en la historia de los Smurl. Janet: «Todavía salíamos en las noticias varias veces por semana y perdimos la cuenta de todos los artículos que llegaron a publicarse sobre nosotros. Pero, afortunadamente, se redujo bastante la carga más estrambótica de la investigación. Cuando nos llamó la diócesis, pensamos que finalmente iban a tomarse medidas serias en el caso y que nuestros problemas se resolverían de una vez por todas».

Veinticuatro horas después, Janet y Jack se sentaban en la oficina del padre Doyle para explicarle el plan de los Warren consistente en realizar un exorcismo a gran escala. Los Smurl expresaron su deseo de que la diócesis hablara con los Warren.

El rector, que también estaba presente en la reunión, sorprendió a la pareja cuando les aseguró que no había ningún motivo para hablar con los Warren porque desde aquel momento la diócesis se hacía cargo de la investigación.

«Pero Ed y Lorraine nos han ayudado mucho –dijo Janet–. No hemos conocido a nadie que sepa tanto sobre el mundo sobrenatural como ellos».

El rector sacudió la cabeza. La diócesis asumía el control de la investigación. Desde el punto de vista de la Iglesia oficial, los Warren dejaban de estar involucrados en ella.

ED WARREN

Ni a Lorraine ni a mí nos sorprendió la respuesta de la Iglesia. Como todas las instituciones, la Iglesia Católica tiene sus prioridades y, en ese caso, el rector consideraba que lo más importante era desmentir las informaciones que aseguraban que la oficina de la diócesis no había tratado bien a los Smurl en el pasado.

Nuestra única reserva se basaba en el conocimiento que teníamos del funcionamiento de la Iglesia en casos similares. Su objetivo prioritario siempre era el de encontrar una «explicación científica» a los incidentes, llegando hasta el extremo de negar la realidad.

Para los Smurl, las cosas continuaron siendo muy complicadas.

ENTREVISTA A ERIN TURNER

P: Eres una buena amiga de los Smurl, ¿no es así?

R: Sí, muy buena amiga. Son gente maravillosa.

P: ¿Podrías explicarnos cómo te viste involucrada en la infestación?

R: *[Pausa]* Verás…, un fin de semana llamé por teléfono a Janet.

P: ¿Y qué pasó?

R: Bueno, se habían ido de acampada, pero yo no lo sabía, así que seguí insistiendo para ver si quería quedar un rato e ir de compras.

P: ¿Podrías decirnos qué sucedió entonces?

R: *[Pausa]* Que respondió una niña.

P: ¿Una niña pequeña?

R: Sí, parecía tener unos siete u ocho años. Se reía mucho.

P: ¿Cómo que se reía?

R: Eso era lo más extraño, su risa. Me dijo que los Smurl ya no vivían allí y después colgó. Llamé seis o siete veces durante el fin de semana. No podía creer lo que me había dicho. Pero siempre contestaba la misma niña. Incluso llamé a la telefonista para verificar el número, pero ésta me dijo que, efectivamente, estaba llamando a casa de los Smurl.

P: ¿Se lo contaste a Janet?

R: Por supuesto. En cuanto pude. Se asustó tanto como lo estaba yo. Con todos los problemas que tenía la familia, aquello era lo último que necesitaban.

Jack: «A pesar de las intenciones de la Iglesia de hacerse cargo del caso, Janet y yo decidimos continuar adelante con nuestros planes. Organizamos una sesión de rezos comunitarios con nuestros amigos y unas cincuenta mujeres y veinte hombres de la Liga del Sagrado Corazón de la parroquia de la Anunciación de María en Kingston, cerca de West Pittston».

Los conocidos y amigos de la familia se reunieron solemnemente en la casa de los Smurl. Los tiempos del espectáculo circense y mediático habían quedado atrás; por entonces, los Smurl se encontraban en una nueva fase del caso cuyo principal objetivo consistía en evitar que el demonio poseyera a algún miembro de la familia.

La casa se transformó. Colocaron cirios de vigilia cada pocos metros y después los encendieron, dotando a la casa de un resplandor sombrío al tiempo que las voces de los fieles se unían en una oración comunitaria parecida a la que los primeros cristianos recitaban en las catacumbas. Algunas personas tenían los ojos llenos de lágrimas; otras sonreían ante la sensación de que el diablo estaba siendo expulsado de la casa. (En una reunión posterior, dos personas incluso aseguraron que habían visto una imagen de la Santísima Virgen proyectada en una de las paredes de la casa, una marca difusa pero perfecta de la Madre de Jesús aportando sus poderes especiales para ayudar a expulsar al demonio).

Janet: «Fue un espectáculo realmente conmovedor; todas aquellas personas preocupadas y afectuosas colaborando como podían para ayudarnos. Se percibía el amor. Estaba por todas partes. Tenía los ojos llenos de lágrimas todo el rato. Y la casa estaba tan hermosa con los cirios de diferentes colores iluminándolo todo».

Los fieles se quedaron hasta muy tarde. Sin embargo, tras unas cuantas horas de calma y tranquilidad, el televisor en la habitación del matrimonio empezó a oscilar de un lado al otro y los golpes en las paredes se volvieron tan violentos que Janet tuvo que taparse los oídos. «¿Alguna vez nos dejarán en paz?» dijo mientras sollozaba.

ED WARREN

Mientras esperábamos a ver qué hacía la Iglesia, Janet y Jack siguieron llamándonos con frecuencia. También continuaron recibiendo consejos de personas religiosas de todo el mundo, algunas responsables y tiernas, otras estridentes y amenazadoras.

Por fin recibieron noticias de la diócesis de Scranton. Habían decidido enviar a un sacerdote, concretamente a monseñor Joseph Browne, quien se quedaría toda la noche en la residencia de los Smurl para comprobar de primera mano si realmente había evidencias que demostraran la presencia de demonios.

Aunque no le dijimos nada a Janet y Jack cuando nos comunicaron entusiasmados la noticia, sabíamos que lo más probable era que el demonio decidiera no actuar. De ese modo, el sacerdote llegaría a la conclusión de que la historia de los Smurl era un fraude o que ellos eran personas histéricas.

Y eso es exactamente lo que pasó.

Varios sacerdotes diocesanos visitaron la casa de los Smurl, y algunos incluso pasaron la noche en vela mientras la familia dormía, pero ninguno oyó ni vio nada que pudiera confirmar el testimonio de la familia según el cual la casa estaba realmente infestada de demonios.

Jack: «Todo era muy irónico. Llevábamos mucho tiempo intentando conseguir que la Iglesia se involucrara en el caso, pero nunca imaginamos que pudiera pasar aquello. Habíamos hecho públicos todos aquellos incidentes y la Iglesia no pudo encontrar ni una sola evidencia que los respaldara».

La situación era tan desesperante que Jack había perdido nueve kilos desde que acudieran a la prensa. Janet no sólo había perdido seis kilos, sino que también tenía una úlcera.

Un día, mientras estábamos hablando con Janet y Jack en la sala de estar, percibí la presencia del demonio. Una vez más, aunque de un modo que me resulta imposible de expresar, sentí que se había vuelto más audaz, más fuerte, y que estaba preparado para atacar.

Lorraine se dio cuenta de que estaba muy molesto y, en cuanto llegamos a la camioneta, me dijo:

—Tienes muy mal aspecto.

—En cuanto lleguemos a casa, llamaré al padre McKenna.

Regresamos a casa rápidamente y llamamos por teléfono al sacerdote.

Un desagradable incidente

Como si quisieran recordarles que sus enemigos no pertenecían únicamente al mundo sobrenatural, una noche, mientras estaban viendo la televisión, Jack oyó como un vehículo reducía la velocidad frente al adosado.

A aquellas alturas, obviamente, estaban más que acostumbrados a que la gente circulara a poca velocidad por delante de la casa. Aunque la atención mediática había disminuido, todavía quedaba algún que otro curioso ocasional.

—¿Qué pasa, cariño? –preguntó Janet.

—Alguien ha aparcado fuera.

—¿Otra vez el circo? –dijo Janet.

Su leve sarcasmo terminó abruptamente cuando una botella de cerveza atravesó la ventana que daba a la calle.

Jack: «Todas las chicas estaban llorando, acurrucadas en un rincón. Era como si hubiera dos asedios al mismo tiempo: el del demonio y el de algunos degenerados que nos odiaban no sé muy bien por qué. Les eché un vistazo y vi que eran adolescentes. Llamé a la policía. Este incidente dejó una gran huella en la familia; nos asustamos mucho y volvió a ponernos de mal humor. Por eso tuvimos que confiar más que nunca en el plan de Ed y Lorraine para intentar acabar de una vez con la infestación. Aunque no puedo decir que por entonces tuviéramos muchas esperanzas, era lo único que teníamos».

EL ÚLTIMO EXORCISMO

NI SIQUIERA EL PADRE McKENNA PUDO PROVOCAR muchas sonrisas el día que, una semana más tarde, regresó a la residencia de los Smurl para llevar a cabo el tercer exorcismo.

Dado que a primera hora de la mañana, justo antes de subirse al coche, el padre McKenna había dicho una misa especial para los Smurl, el exorcismo sólo consistió en la recitación de oraciones especiales en las dos partes del adosado mientras rociaba todas las habitaciones con agua bendita. En esa ocasión, el sacerdote incluso bendijo el patio trasero.

Janet: «El rostro del padre McKenna era muy hermoso. Era perfectamente visible lo concentrado que estaba. De hecho, puso toda su alma en la tarea para que el exorcismo terminara funcionando».

No hubo interrupciones durante el exorcismo. El padre McKenna recitó las oraciones con tanta pasión que incluso el demonio tuvo miedo de manifestarse.

Cuando hubo terminado, el sacerdote regresó a su vehículo tras rechazar la cena que le ofrecieron los Smurl. El ayuno era una parte integral del ritual del exorcismo, les recordó el sacerdote.

◆ ◆ ◆

En los días siguientes se produjo una peregrinación casi diaria a la residencia de los Smurl, en esta ocasión por parte de sus amigos y familiares, aunque también de los miembros de la Liga del Sagrado Corazón. Las oraciones y los cirios daban colorido a la atmósfera de la casa. La idea de «ahogar» al demonio en oraciones inmediatamente después del exorcismo fue de Ed y Lorraine.

Y funcionó.

Jack: «Sentimos algo, como cuando el aire empieza a cambiar después de una tormenta. Aunque al principio teníamos miedo incluso de pensar que las oraciones y la vigilia pudieran tener un impacto duradero, en general los días posteriores al exorcismo fueron maravillosos. No estábamos tan relajados desde hacía más de dos años».

La buena noticia era que, por el momento, no se produjo ninguna sorpresa. Al menos ninguna negativa. De hecho, la única sorpresa que recibieron los Smurl a finales de septiembre fue muy agradable.

ED WARREN

Janet nos llamó pocos minutos después de despertarse.

—¡No os lo vais a creer! –nos dijo–. Toda la casa vuelve a oler a rosas.

Incluso yo tuve que reconocer que era una buena señal, y digo «incluso yo» porque la experiencia me ha enseñado que en las infestaciones es mejor ser cauto. En la mayoría de los casos, es necesario un gran esfuerzo (planificado o inadvertido) para despertar al demonio, pero después es casi imposible deshacerse de él.

Aun así, tuve que admitir que la extraordinaria santidad mostrada por el padre McKenna, así como las oraciones diarias que se recitaban en la casa, al parecer estaban sofocando las fuerzas de la oscuridad.

Y las cosas siguieron mejorando.

Janet: «No podíamos creerlo. Primero dos, después tres y luego cuatro semanas sin un solo incidente. Cada pocos días el olor a rosas regresaba a una o dos habitaciones más y la casa se llenaba con el sonido de las oraciones. Era una sensación maravillosa, y los rostros de nuestras hijas brillaban de alegría. Volvían a tener amigas, planeaban fiestas y oías sus risas por toda la casa».

La prensa, por supuesto, seguía interesada por lo que ocurría en la casa y pidieron un informe. En una declaración conjunta del 28 de octubre, Janet y Jack Smurl anunciaron lo siguiente: «Desde hace varias semanas la tranquilidad ha regresado a nuestra casa y parece que los problemas se han resuelto».

Un portavoz de la diócesis anunció que, tras una ardua investigación, la diócesis no había llegado a ninguna conclusión y tampoco había tomado ninguna posición en el caso. Sin embargo, dado que los Smurl aseguraban que el asunto estaba resuelto, la diócesis daba por concluida la indagación.

Cuando llegó de nuevo el plomizo mes de noviembre, para los Smurl fue como si llegara la más hermosa de las primaveras. No se oían golpes en las paredes, la casa no olía a matadero y en las caras de sus hijas sólo veían las sonrisas típicas de la juventud.

Jack: «No dejamos de rezar, por supuesto. De hecho, nos volvimos aún más religiosos si cabe. No queríamos volver a perder la libertad recién recuperada».

EL REGRESO

Después del Día de Acción de Gracias, la familia Smurl empezó a planificar la Navidad. Ya habían recibido el mejor regalo de todos, la tranquilidad, pero entonces querían planificar unas vacaciones que les permitieran darle las gracias a Dios además de celebrar la unidad familiar.

Fue una buena época para todos. Janet y Jack empezaron a recuperar parte del peso perdido e hicieron todo lo posible para pasar más tiempo con sus hijas y participar en las actividades escolares.

Era evidente que las cosas no podían ir mejor.

A Jack le encantaba descansar en su sillón favorito. A veces, mientras veía la tele, se quedaba dormido, sobre todo después de un duro día de trabajo.

Aquella noche le pasó exactamente eso; se quedó dormido una media hora. En ese momento volvía a estar despierto. En la tele salía Johnny Carson. El monólogo era especialmente divertido aquella noche. Jack decidió que ver a Carson sería una buena forma de relajarse del todo antes de irse a la cama.

Quedaban menos de dos semanas para las vacaciones de Navidad, por lo que el salón estaba resplandeciente con las hermosas luces verdes, amarillas y rojas del árbol. La atmósfera estaba perfumada por el refrescante aroma del abeto.

Al cabo de un rato, apagó el televisor y se puso a rezar. Mientras estaba rezando, levantó la vista hacia el espejo que había encima del sofá y la vio: la forma oscura con capa cuya presencia había anunciado la inquietante presencia del demonio. Salvo que en aquella ocasión había una diferencia.

Jack notó como el demonio lo llamaba, o mejor dicho, lo convocaba, y supo de inmediato qué significaba aquello. La temida etapa final de la infestación: la posesión.

Se levantó del sillón mientras apretaba con fuerza el rosario en la mano. La figura oscura avanzó hacia él.

Jack corrió hacia las escaleras y empezó a subirlas de espaldas lentamente para no perder de vista al demonio en ningún momento.

La figura oscura cada vez estaba más cerca.

El corazón le martilleaba dentro del pecho y estaba empapado en sudor. Se tropezó dos veces y se aferró desesperadamente a la barandilla para mantener el equilibrio.

La figura encapuchada continuaba acercándose.

Entonces, al percibir que el demonio estaba a punto de abalanzarse sobre él, levantó la mano con la que aferraba el rosario y se lo mostró a la criatura. Además, empezó a recitar una y otra vez la oración que le habían enseñado los Warren.

El demonio comenzó a retroceder lentamente.

Jack aumentó el tono de voz y la oración se hizo cada vez más intensa. Entonces, ante sus ojos, la criatura oscura atravesó la pared y desapareció.

Jack decidió no contarle nada a su mujer ni a sus hijas. Quería que siguieran pensando que las cosas iban bien, que el olor a rosas permanecería y que la vida sería simple, buena y normal.

Sin embargo, en la madrugada regresaron los golpes en las paredes, y en el adosado de John y Mary el suelo se sacudió tan violentamente que pensaron que había un terremoto.

La infestación había regresado.

◆ ◆ ◆

No cabía ninguna duda. El demonio y los espíritus simplemente habían estado esperando la oportunidad para volver a reanudar los ataques y continuar su asalto implacable contra la familia.

Con la reanudación de la actividad, las entidades recurrieron a nuevas tácticas. El suelo en el adosado de John y Mary temblaba violentamente, y cuando Mary estaba en el cuarto de baño, una masa blanca distorsionada de aproximadamente un metro de altura y cubierto de pústulas supurantes pasaba por su lado y desaparecía por el tocador.

Durante las siguientes semanas, la salud de los padres de Jack empeoró y las hijas de los Smurl volvieron a caer en la ansiedad y la depresión. Ahora los incidentes se producían todas las noches.

Para el día de Año Nuevo de 1987 la atmósfera de terror había vuelto a instalarse en la casa.

◆ ◆ ◆

El 10 de enero, las chicas se acostaron temprano y Janet y Jack poco después. Llevaban dormidos menos de media hora cuando empezaron los golpes. Al escuchar con atención, se oían no sólo los puñetazos invisibles de antaño, sino también unos extraños susurros y una débil risa.

Una risa demoníaca.

Janet y Jack pasaron toda la noche en vela, cogidos de la mano y llorando.

ED Y LORRAINE WARREN

Actualmente, la infestación continúa.

Ojalá conociéramos el motivo. Mejor aún, ojalá tuviéramos una solución.

¿Conseguirían algo mudándose de forma permanente? Tal vez. ¿La infestación les perseguirá durante el resto de su vida? Es posible. ¿Podrá la familia resistir el estrés? Confiamos que sí.

Como demonólogos, ninguno de los dos recuerda una infestación de semejante tenacidad. El demonio no puede ser expulsado. Ha concentrado toda su esencia en la familia Smurl y se niega a liberarla.

Seguimos en contacto con los Smurl. Normalmente hablamos con ellos una vez por semana. Igual que el padre (ahora obispo) McKenna.

De vez en cuando, uno de los miembros de nuestro equipo de investigación tiene una idea que ponemos en práctica inmediatamente. Sin embargo, hasta la fecha no ha funcionado nada.

Por supuesto, todavía existe la terrible posibilidad de la posesión, pues ése es el objetivo final de toda infestación. Jack en particular es muy consciente de ello, pues parece ser que es a quien el demonio desprecia más.

Para terminar la historia con una nota de optimismo, recordemos las palabras del obispo McKenna: la experiencia de los Smurl debería eliminar cualquier duda que pueda existir entre los no creyentes de que el mundo de los espíritus no existe. Lo único que debe hacerse es pasar unas horas en casa de los Smurl para saber que los demonios son una parte muy real y peligrosa de la realidad.

El mayor regalo que podemos ofrecer a los Smurl es nuestra fe continua y nuestras oraciones para que algún día su tortura desaparezca y el aroma de las rosas llene su hogar para siempre.

Hoy en día

Los Smurl viven sin hacer ruido, apreciados y admirados por lo que han tenido que soportar, temerosos de que la infestación que los acosa no termine nunca.

Pese a todo, hay risas en la casa de los Smurl. Y también hay orgullo, esperanza y auténtica alegría.

Pero en los rincones de la noche, siempre existe la posibilidad de que el demonio aparezca y algún día domine sus vidas de un modo aún más terrible.

No cabe duda de que su historia es cierta. Demasiados testigos, y demasiadas pruebas, corroboran su siniestra historia.

Lo único que alimenta su esperanza actualmente es que Dios, en su inmensa bondad, ponga fin algún día a su calvario. Algún día no muy lejano.

POSDATA

JUSTO CUANDO SE PUBLICABA ESTE LIBRO, la familia Smurl se mudaba del adosado de la calle Chase. En la actualidad viven no muy lejos de allí, en un tranquilo barrio residencial de Pensilvania.

Acerca de los autores

ED y LORRAINE WARREN tuvieron experiencias sobrenaturales durante su infancia y juventud en Connecticut. Se hicieron novios en el instituto y, el día de su decimoséptimo cumpleaños, Ed se alistó en la Marina para luchar en la Segunda Guerra Mundial. Unos meses después, su barco se hundió en el Atlántico Norte y él fue uno de los pocos supervivientes. Ed y Lorraine se casaron y tuvieron una hija. En 1952, crearon la Sociedad de Investigación Psíquica de Nueva Inglaterra, el grupo de cazadores de fantasmas más antiguo de Nueva Inglaterra. Desde Amityville hasta Tokio, han participado en miles de investigaciones y exorcismos sancionados por la Iglesia en todo el mundo. Han dedicado su vida y sus extraordinarios talentos a enseñar a otras personas y a luchar contra las fuerzas diabólicas cuando se requieren sus servicios. Ed y Lorraine Warren también han escrito *El cementerio* y *Cazadores de fantasmas*.

ROBERT CURRAN ha trabajado como periodista durante más de veinte años y ha recibido nueve premios por su trabajo. En 1985 fue nominado al Premio Pulitzer. Éste es su primer libro.

JACK y JANET SMURL vivían con sus hijas en una pequeña casa de la calle Chase, en West Pittston, Pensilvania. Finalmente decidieron mudarse a otra localidad y, actualmente, su nuevo hogar no experimenta ningún tipo de actividad paranormal.

ÍNDICE